校园环境资源在体育教学中的运用

叶海辉◎主编

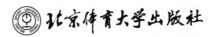

北京体育大学出版社

策划编辑：李志诚　仝杨杨

责任编辑：仝杨杨

责任校对：米　安

版式设计：禾风雅艺

图书在版编目（CIP）数据

校园环境资源在体育教学中的运用 / 叶海辉主编 .
北京：北京体育大学出版社，2024.12. -- ISBN 978-7-
5644-4244-6

Ⅰ . G633.962

中国国家版本馆 CIP 数据核字第 2024YB3874 号

校园环境资源在体育教学中的运用

XIAOYUAN HUANJING ZIYUAN ZAI TIYU JIAOXUE ZHONG DE YUNYONG

叶海辉　主编

出版发行：北京体育大学出版社

地　　址：北京市海淀区农大南路 1 号院 2 号楼 2 层办公 B-212

邮　　编：100084

网　　址：http://cbs.bsu.edu.cn

发 行 部：010-62989320

邮 购 部：北京体育大学出版社读者服务部 010-62989432

印　　刷：三河市龙大印装有限公司

开　　本：710mm×1000mm　1/16

成品尺寸：170mm×240mm

印　　张：16

字　　数：250 千字

版　　次：2024 年 12 月第 1 版

印　　次：2024 年 12 月第 1 次印刷

定　　价：68.00 元

《校园环境资源在体育教学中的运用》
编委会

主　编：叶海辉

副主编：于国新　张　迁　张玉岚　陈婉娜

编　委：顾迎迎　焦守荣　李　冰　李仁建　刘国伟

　　　　刘　鹏　刘业鹏　夏永涛　杨军山　袁聿涛

　　　　王安洁　王洪燕　王　玲　王显军　王文博

　　　　王　强　王玉娇　王晓双　赵光骏　张　群

体育教育作为学校教育的重要组成部分，肩负着提高学生运动素质、增进青少年身心健康、培育全面发展的人才的历史重任。在我国新一轮深化课程改革来临之际，"体育课程物力资源的开发与利用"丛书让我作序，我不胜荣幸。这套丛书涵盖了常规体育器材、生活物品、校园环境资源、自制体育器材和新兴体育器材5个领域的实践和研究成果，范围广泛，内容丰富，图文并茂，集22年之实践汇编而成，形成了全面、系统的体育课程物力资源开发与利用体系，在国内属于开创性成果。

我简要介绍一下这套丛书，希望对大家有所帮助。

第一册：《常规体育器材的开发与运用》

该册主要介绍跳绳、小体操垫、大体操垫、海绵包、接力棒、体操棒等33种常规体育器材的开发与运用，在显性功能的基础上，通过转换视角、转变思维方式，挖掘体育器材的隐性功能，充分发挥常规体育器材的多功能性，让体育器材一材多用、一材多能，既能丰富课程资源，又能便捷地服务于体育教学。

第二册：《生活物品在体育教学中的运用》

该册主要以松紧带、毛巾、塑料桶、包装袋等37种常见的生活物品为开发对象，以常见、实用、实效为导向，选择日常生活物品，通过直接使用法、改造法、组合法等方法进行开发与运用，呈现的课例具有时代性和前瞻性，既可以让体育器材的品种得到增加，又可以让体育教学的课程资源更加丰富。

第三册：《校园环境资源在体育教学中的运用》

该册主要介绍校园环境资源的运用，在运用中要遵循合理统筹、科学规划、因地制宜、因校制宜的原则。该册对体育场地的标准与使用、校园体育文化、校园场地等30项内容进行阐述，并结合大量的实例进行说明，可以让学校体育工作效益最大化，使校园环境资源全方位服务于体育课堂教学、大课间活动、课外体育活动及课余训练等。

第四册：《自制体育器材》

该册主要介绍卷吊球、球式哑铃、爆发力训练器等100种自制体育器材，通过直接利用法、改进法、借鉴法和发明法等方法动手改造与制作体育器材，并根据功能和作用将其分为身体素质类、教学辅助类、器材收纳类、旱地冰雪类、软式器材类和综合器材类等六大类。有了多样化的自制体育器材，就会有多样化的玩法，就能让体育教学变得更加丰富有趣。

第五册：《新兴体育器材》

该册主要收集整理了适合在中小学推广使用的135种新兴体育器材，它们根据功能可以分为教学辅助类、运动项目类、体育游戏类、软式器材类、体能训练类、素质拓展类和电子设备类等七大类。为了满足时代发展对体育教学多样化的需求，该册引入新兴体育器材，并介绍新兴体育器材的使用方法，让读者方便快捷地了解新兴体育器材的基本信息，共同走进体育教学的新天地。

这套丛书主要有以下特点：

第一，实用性。这套丛书的实用性主要体现在内容实用和方法实用两个方面。内容实用是指器材、场地、设施等均为常见，方便好用；方法实用是指游戏方法和器物趣用之法多种多样，既可融入课堂教学实践，又可渗透课间课后学练。例如，小场地、边角场地开发成体育乐园和体能训练场，毛巾、塑料桶等妙用于跑跳投等教学，自制体育器材、新兴体育器材融入课堂教学和训练实践，废旧体育器材再次开发与利用，等等。

第二，创新性。这套丛书充满新意，无处不创新。首先，这套丛书的写成是一个创新，虽偶有报纸杂志发表此类文章，但成书者无一人；其次，内容选择是一个创新，简单的跳箱、毛巾、篮球场等可以用于各种体能练习、技能练习和游戏中；最后，一材多用也是一个创新，在这套丛书中，废弃的宣传横幅可以用于多种体能练习、技能练习和游戏中。

第三，启发性。 统观书稿，精彩之处颇多，让我的思维跳跃，思绪也随之发散，让人有一种要赶紧将这些方法付诸课堂实践的冲动，更想融入其中、享受其乐。如果我们善于把这些常见的器材设施、生活物品、游戏方法等融入体育教学，肯定有助于提高体育教学质量。

体育课程物力资源的开发与利用是一个经久不衰的话题，伴随着时代的发展和课程改革的不断推进，它的内容和方法也不断丰富。只要我们心中有学生、眼里有资源，用心捕捉身边的点点滴滴，行而不辍，体育课程物力资源终将迎来一片新天地。

"体育课程物力资源的开发与利用"丛书集百人之力为广大体育教师做了一件很有意义的事情，我希望能有更多的实践者参与其中，共同寻求教育教学新路径，总结出更多更新的教学成果。最后，我相信这套丛书的出版定会给广大的一线体育教育工作者和体育教育专业学生有益的指导和启示。

华东师范大学体育与健康学院院长、博士生导师
教育部中小学体育与健康课程标准研制组和修订组组长
教育部全国高等学校体育教学指导委员会理论学科组组长
教育部首届全国高校健康教育教学指导委员会主任委员
教育部全国中小学体育教学指导委员会副主任委员
第六、第七届国务院学位委员会体育学科评议组成员
2024 年 10 月

不忘初心，一起向未来

随着课程改革的深入实施，广大教师意识到丰富多样的课程资源是课程实施的必要条件，没有课程资源的支持，再美好的课程改革设想也很难变成实际教育成果。课程物力资源是课程资源中不可或缺的一部分，体育课程物力资源是学校体育教学中的各种器材、场地、设施及校内外的自然环境等有形物体的总称。它是学校体育教学的硬件之一，是实施体育教学强有力的物质保证，决定着体育课程实施的范围和实际水平。我们应充分利用现有的体育课程物力资源，强化课程物力资源开发意识，提高对课程物力资源的认识水平，并深入挖掘与开发新的课程物力资源，不断满足学生的体育活动需求，让体育课堂教学焕发出更新更强的生命力，从而更好地促进课程目标的实现。

力学笃行，积跬致远。本研究开始于 2002 年浙江省台州市规划课题"农村中学体育器材开发和利用的实践研究"，之后不断拓展深化；2008 年，"中小学体育课程物力资源的开发与利用"成为浙江省教育科学规划体卫艺专项课题；2010 年，在台州市教育科学研究院和玉环县（今玉环市）教育科学研究所领导的大力关心和帮助下，课题下设"体育小器材的开发与利用""体育大器材的开发与利用""废弃体育器材的开发与利用""自制简易的体育器材""生活物品在体育教学中的运用""体育场地的开发与利用"等 6 个子课题；2012 年，本研究成果获浙江省第四届基础教育教学成果评比一等奖。可谓十年磨一剑，砺得成果丰。

课题有终时，教研无止境。在前期的研究中，体育场地器材课例的研发满足了体育课堂教学及课余训练的需要，我们看到了课题研究对体育教学的巨大推动作用，也感受到了此项课题还有十分广阔的研究前景。为此，我们在之前研究的基础上进行了深化和拓展，对常规体育器材、生活物品、校园环境资源、自制体育器材和新兴体育器材5个领域进行了全面深入的研究，其中许多成果得到了广大体育教师的认可。为了服务体育课堂教学，解决全国广大体育教师的从教困扰，使学生更喜爱体育活动，我们集众人之智，筹众人之力，精耕细作，将这些成果整理成书。期待这套丛书能成为广大体育教师及体育教育专业学生的参考书和工具书，成为体育教师教学的好帮手，成为学校体育教育发展的新基石。

为了直观清晰地展示体育课程物力资源的研究成果，我们将这套丛书分为《常规体育器材的开发与运用》《生活物品在体育教学中的运用》《校园环境资源在体育教学中的运用》《自制体育器材》《新兴体育器材》5册。

在这套丛书付梓之际，我思绪万千，激动的心情久久不能平静。从最初申报课题到最终定稿付梓，整整22年，凝聚着我太多的心血，它是我的"思维之果""实践之果"，更是我的"生命之果"。个人的力量是有限的，但团队的力量是无限的，正所谓"众人拾柴火焰高"，在此，我要衷心感谢编委会的各位老师，没有他们的辛勤付出、通力合作、大胆创新、积极探索，就没有这套丛书的最终付梓。为此，我将本册书的参编人员一一罗列，深表感谢，他们是：于国新、李冰、焦守荣（山东省青州实验中学），张迁（浙江省台州市黄岩区教育局教研室），张玉岚（山东省青州市朱良学校），王安洁（浙江省玉环市龙溪初级中学），陈婉娜（浙江省玉环市坎门第一初级中学），顾迎迎（江苏省南京市孝陵卫初级中学），王玲（浙江省台州市黄岩区沙埠镇中心小学），王显军（山东省青州市益都街道东高小学），张群、袁聿涛（山东省青州市旗城教育集团），夏永涛（山东省青州经济开发区高柳学校），王晓双（山东省青州第一中学），刘国伟（山东省青州市东夏学校），王强（山东省青州一中实验学校），王玉娇（山东省青州经济开发区初级中学），王文博（山东省青州市圣水学校），刘鹏、赵光骏（山东省青州市海岱小学），刘业鹏（山东省青州市云门山回民学校），杨军山（山东省青州市教育教学研究院），王洪燕（山东省青州市竞技体育学校），李仁建（浙江省玉环市干江中心小学）。最后，我由衷感谢北京体育大学出版社领导和编辑们的大力支持，还有参与拍摄学生的辛勤付出。

金无足赤，人无完人。由于学术水平和研究能力的限制，丛书中难免会有纰漏和不足之处，敬请广大同行提出宝贵意见和建议，以便丛书修订时能够进一步完善，共同助力学校体育发展。

叶海辉

2024 年 10 月于玉环

目录 CONTENTS

一、体育场地的标准与使用

体育场地是开展学校体育工作的重要物质保障，也是学校的标志性和功能性建筑。由于受到城市规划、土地政策等多种因素的影响，中小学校园建设用地日趋紧张。为此，在新（扩）建校园时，要充分考虑学校的地理环境、用地面积、校园文化等因素，融合学校体育的开展需求，进行科学、合理、实用的设计与规划；对已有的校园，为满足学校体育的需求，应立足现有资源进行充分的挖掘与开发，这对提高体育教学质量、开展阳光体育运动、增强学生体质具有重要意义。体育场地的规划与布局还要结合学生生理、心理发展规律和特点及时代的发展特点。合理设计与建设体育场地，可以提高学校体育场地的科学性和利用率。

（一）中小学体育场地设施标准

为适应城市与农村中小学的教育现代化、教育改革与发展及推进素质教育对校园、校舍条件与环境的需要，加强学校建设的科学化、规范化管理，教育部先后出台了相关建设标准文件。其中，小学体育场地设施标准分为城市和农村两个部分，对于体育场地设施建设提出的总体要求如下：

（1）学校总体规划应按教学区、体育运动区、生活区等不同功能要求合理布局，各区之间既要方便联系，又要尽量互不干扰，详情如图 1-1 所示。

（2）学校体育运动场地包括体育课、课间操及课外活动所需要的场地。

（3）校园内的交通应遵循便捷原则，校园道路应避免穿越体育运动场地。为减少体育运动区噪声对教学用房的干扰，田径场地和球类场地的长轴宜与教学用房的纵向轴线垂直布置。例如，受地形限制，田径场必须设在教学用房的南面或北面时，一定要与教学用房保持 25m 的距离，并设置绿化屏障。田径场、球场的长轴均宜南北方向布置。

（4）农村非完全小学和完全小学 6 班应分别设置 60m 和 100m 直跑道，完全小学 12 班、18 班、24 班均应设置 200m 环形跑道田径场；初级中学 12 班应

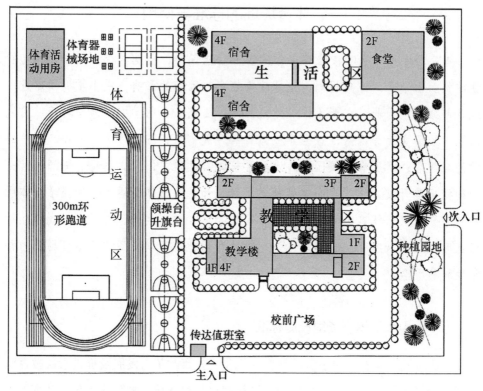

图 1-1

设置 200m 环形跑道田径场，18 班、24 班均应设置 300m 环形跑道田径场（图 1-1）。中小学校应设置适量的球类、器械等运动场地。

（5）室内体育室采光应亮度均匀，避免室内直射阳光。照明应采用有保护灯罩的节能荧光灯具，不宜采用裸灯，室内平均照度为 100lx，照度均匀度不低于 0.7。

（6）学校场地器材规划布局应考虑实用性和便利性，根据教学要求合理开发利用空间，可以一场多用或设置综合性场区。场地的位置、分布、距离、相互关系和全面开展活动的效度等都需要考虑全面。

（7）在规划布局中要考虑标准场地外的学校中平坦空地、主干道、休闲小广场等一场多用功能的开发和临时性的运用设置。

（8）在规划布局中还要兼顾校园中教学区、生活区、活动区、建筑设施，以及绿化带附近等零碎的边角地带的规划开发和整合利用。

1.城市中小学体育场地设施标准

2002年4月，由教育部制定的《城市普通中小学校校舍建设标准》，经建设部、国家发展计划委员会等有关部门会审通过，于2002年7月1日起施行。该标准的制定符合我国国情和经济发展水平，根据该标准，在校舍各类用房的配置和面积指标上，首先要保证教学及教学辅助用房的基本需要，配备必要的办公和生活用房，合理安排体育活动场地。同时，面对基础教育改革对校园校舍的条件与环境的更高要求，可以根据需要逐步进行发展与完善。城市中小学体育用房使用面积标准见表1-1。

表1-1 城市中小学体育用房使用面积标准

学校性质	普通完全小学							
指标类型	基本指标				规划指标			
班级及人数	12班 540人	18班 810人	24班 1080人	30班 1350人	12班 540人	18班 810人	24班 1080人	30班 1350人
体育活动室/m²	—	—	—	—	670	670	670	670
体育器材室/m²	40	40	61	61	—	—	—	—
学校性质	普通九年制学校							
指标类型	基本指标				规划指标			
班级及人数	18班 840人	27班 1260人	36班 1680人	45班 2100人	18班 840人	27班 1260人	36班 1680人	45班 2100人
体育活动室/m²	—	—	—	—	670	740	1040	1340
体育器材室/m²	48	48	48	48	—	—	—	—
学校性质	普通初级中学							
指标类型	基本指标				规划指标			
班级及人数	12班 600人	18班 900人	24班 1200人	30班 1500人	12班 600人	18班 900人	24班 1200人	30班 1500人
体育活动室/m²	—	—	—	—	740	1040	1340	1340
体育器材室/m²	63	63	63	63	—	—	—	—

学校性质	普通完全中学							
指标类型	基本指标				规划指标			
班级及人数	18班 900人	24班 1200人	30班 1500人	36班 1800人	18班 900人	24班 1200人	30班 1500人	36班 1800人
体育活动室/m²	—	—	—	—	1040	1340	1340	1340
体育器材室/m²	63	63	63	63	—	—	—	—
学校性质	普通高级中学							
指标类型	基本指标				规划指标			
班级及人数	18班 900人	24班 1200人	30班 1500人	36班 1800人	18班 900人	24班 1200人	30班 1500人	36班 1800人
体育活动室/m²	—	—	—	—	1040	1340	1340	1340
体育器材室/m²	63	63	63	63	—	—	—	—

资料来源：《城市普通中小学校校舍建设标准》。

2. 农村中小学体育场地设施标准

2008 年 9 月 3 日，为了规范农村中小学体育场地的建设标准，住房和城乡建设部、国家发展和改革委员会印发了《农村普通中小学校建设标准》，规定了农村学校各种体育场地、用房的基本面积。2010 年 12 月 17 日，教育部、住房和城乡建设部以《农村普通中小学校建设标准》和《中小学校建筑设计规范》为依据，印发了《农村中小学校标准设计样图》，并以国家建筑标准图集形式面向全国发布。样图内容分为标准条文图示、场地和房间布置及方案示例三个部分，采用图文并茂的形式对建设标准条文以及学校场地、各类用房的常用尺寸和布置方式作了解读，并列举了不同办学规模学校的规划建设方案，如400m、300m、200m 跑道场地（图 1-2），篮球、排球、羽毛球、乒乓球场地，中小学体育器材室（图 1-3），体育活动室平面布置示意图（图 1-4），等等。其中 300m 跑道场地长、宽分别为 140m 和 65.5m，100m 直道 6 条，弯道 5 条，曲段最小半径为 23.5m。《农村中小学校标准设计样图》的发布有力推动了《农村普通中小学校建设标准》的实施，对推进、规范农村中小学体育活动场地、用房的标准化建设起到积极作用（表 1-2、表 1-3）。

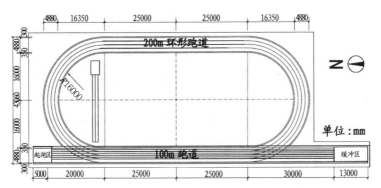

图 1-2

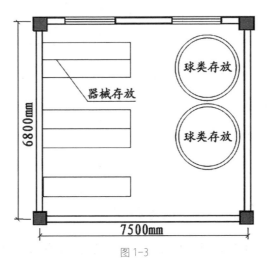

图 1-3

注：按 12 班 600 人标准布置。

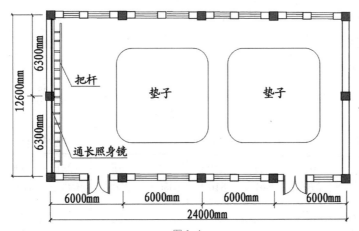

图 1-4

注：按小学 12 班 540 人标准布置、按中学 12 班 600 人布置。

表1-2 农村普通中小学校体育活动场地面积标准

学校类别及规模		60m 直跑道/m²	游戏场地/m²	环形跑道(含100m直跑道)/m²	篮球场地/m²	排球场地/m²	器械场地/m²
非完全小学	4班	640	100	—	—	—	—
完全小学	6班	—	150	3570	608		
	12班	—	150	5394	608	286	—
	18班	—	150	5394	608	572	100
	24班	—	150	5394	1216	572	150
初级中学	12班	—	—	5394	608	572	150
	18班	—	—	9150	1216	572	200
	24班	—	—	9150	1216	572	200
全寄宿制完全小学	12班	—	150	5394	608	286	—
	18班	—	150	5394	608	572	100
	24班	—	150	5394	1216	572	150
全寄宿制初级中学	12班	—	—	5394	608	572	150
	18班	—	—	9150	1216	572	200
	24班	—	—	9150	1216	572	200

资料来源：《农村普通中小学校建设标准》。

表1-3 农村中小学体育用房使用面积标准

学校性质	普通非完全小学							
指标类型	基本指标				规划指标			
班级及人数	4班120人				4班120人			
体育活动室/m²	—				—			
体育器材室/m²	—				25			
学校性质	普通完全小学							
指标类型	基本指标				规划指标			
班级及人数	6班270人	12班540人	18班810人	24班1080人	6班270人	12班540人	18班810人	24班1080人
体育活动室/m²	—	—	—	—	—	300	300	300
体育器材室/m²	25	39	39	39	25	39	39	39

学校性质	普通非完全小学					
指标类型	基本指标			规划指标		
班级及人数	12班 600人	18班 900人	24班 1200人	12班 600人	18班 900人	24班 1200人
体育活动室/m²	—	—	—	300	450	608
体育器材室/m²	50	60	70	50	60	70
学校性质	农村全寄宿制完全小学			农村全寄宿制初级中学		
班级及人数	12班 540人	18班 810人	24班 1080人	12班 600人	18班 900人	24班 1200人
体育活动室/m²	300	300	300	300	450	608
体育器材室/m²	39	39	39	50	60	70

资料来源：《农村普通中小学校建设标准》。

3. 国家体育场地配备基本标准

2008年6月，根据《中共中央国务院关于加强青少年体育增强青少年体质的意见》的要求，为保障中小学校体育、卫生工作的正常开展，保证广大中小学生健康成长，教育部、卫生部、财政部在调查研究、多方论证的基础上，研究制定了《国家学校体育卫生条件试行基本标准》（以下简称《标准》）。《标准》是国家对中小学校体育教师、学校体育场地、教学卫生、生活设施、卫生保健室配备以及学生健康体检等方面的最基本要求，是教育检查、督导和评估的重要内容（表1-4）。各中小学校要高度重视学校体育、卫生工作条件建设，把实施《标准》纳入学校建设发展规划，统筹安排，分期分批完善体育场地，满足学生对体育课堂教学和课外体育活动的需要。

表1-4 体育场地配备基本标准

学校 性质	规模	田径场/块	篮球场/块	排球场/块	器械体操+游 戏区/m²
小学	≤18班	200m（环形）1	2	1	200
	24班	300m（环形）1	2	2	300
	30班以上	300~400m（环形）1	3	2	300

续表

学校性质	规模	田径场/块	篮球场/块	排球场/块	器械体操+游戏区/m²
九年制学校	≤18班	200m（环形）1	2	1	200
	27班	300m（环形）1	3	2	300
	36班以上	300~400m（环形）1	3	3	350
初级中学	≤18班	300m（环形）1	2	1	100
	24班	300m（环形）1	2	2	150
	30班以上	300~400m（环形）1	3	2	200
完全中学	≤18班	300m（环形）1	2	1	100
	24班	300m（环形）1	2	2	150
	30班	300m（环形）1	3	2	200
	36班以上	400m（环形）1	3	3	200
高级中学(含中等职业学校)	≤18班	300m（环形）1	2	1	100
	24班	300m（环形）1	2	2	150
	30班	300m（环形）1	3	2	200
	36班以上	400m（环形）1	3	3	200

注：1.300m以上的环形田径场应包括100m的直跑道，200m的环形田径场应至少包括60m的直跑道。

2.田径场内应设置1~2个沙坑（长5~6m、宽2.75~4m，助跑道长25~45m）。

3.学校可根据实际条件集中或分散配备器械体操区。

4.受地理环境限制达不到标准的山区学校，可因地制宜建设相应的体育活动场地。

（二）中小学体育场地的使用

中小学体育场地大都由田径场（包括跳远场地、三级跳场地、铅球投掷场地、障碍跑场地等）、各类球场（足球场、篮球场、排球场、网球场、羽毛球场、板羽球场等）、器械场地、体育乐园、小场地、边角地带等组成。学校应因地制宜，科学、合理地使用体育场地，切实提高中小学生体育学习效率。

1.学校内标准场地（馆）的使用

学校内标准场地（馆）主要有田径场、足球场、篮球场、排球场、网球场、羽毛球场及游泳馆、体育馆等，这些场地（馆）是学校开展各项体育活动的主要场所，主要用于日常体育教学和训练，也常用于举办和开展各种竞赛活动、体育社团活动、课外体育活动及学校各类集会、教学研讨活动、军训活动、亲子活动、拓展活动等。校园内标准场地（馆）除了常规用途外，也有彰显其特点的个性化运用，如将体育馆、田径场等作为紧急避难场所。

2. 非标准场地中小场地（广场）的使用

学校一般都有多块分散的小场地，如楼前后空地、楼与楼之间空地、绿化带附近空地等。这些小场地在其功能上可有效缓解部分学校生多地少的现状，提高校园空间利用率，在学校大课间、课外体育活动、体育社团活动、部分体育课堂教学中都发挥着良好的补充作用。学校也可把单个项目的活动区域进行整合，形成游戏区、跳跃区、田径区、器械区、球类区等综合活动区。

3. 校园道路的使用

校园中有诸多连接教学区、运动区、生活区等各大功能区的道路，一般分为主干道、次干道、支道，这些道路大多由沥青、水泥、石砖、鹅卵石、塑胶等铺砌而成。把校园道路加以研究设计并合理开发利用，可以使其在学校日常体育活动及体育教学中起到很好的补充作用，如在校园主干道上进行大课间跑操，在次干道、林荫小路上进行课前热身慢跑或校园定向跑等。在道路上设计跳格子、跳房子等游戏的图案，可以增强学生练习或锻炼的兴趣。

4. 校园边角地带的使用

校园里有诸多远离运动场的区域，如教学区、生活区、活动区、建筑物旁、绿化带周围零碎的角落。边角地带面积虽小，但对于场地紧缺的学校来说，边角地带的开发利用就显得尤为重要，而且将校园边角地带运用于体育教学，不仅可以增加校园空间的利用率，还可以丰富校园文化，营造良好的体育锻炼氛围。例如，学校通过合理规划，使相隔较远的每一块边角地带的活动场地由水平向立体空间延伸，各自成为各具特色的独立体育活动场地，或者使相隔较近的边角地带变成体育活动乐园等。学校可把秋千、滑梯、单杠、平梯、联合器械等集中在一个区域，组成一个综合性的活动场地，也可在场地的边角修建沙坑、平梯、单杠、双杠、对墙投掷区、斜坡跑道及联合器械设施等。体操器械需要相对集中，不需要占用大场地，但要注意场地平整，标线清晰，地面松软无尖硬异物，同时器械安装要牢固，定期维护检查，保证练习安全。

5.校外环境资源的开发利用

学校周边的环境资源也可以作为体育教学和开展阳光体育运动的资源，如校园附近的公园、广场、绿化带、空地以及校园周边的森林、山地、田野、沙滩等。在保证安全的前提下，学校可以利用公园开展定向运动，利用田野开展远足运动，利用山坡设计出斜坡跑道，利用沙滩开展沙滩排球和足球运动，等等。此外，学校还可以根据季节特点开展春季远足活动、夏季水上活动、秋季登山和越野跑活动、冬季滑冰和滑雪活动等。

（三）体育场地的管理和维护

按材质不同，中小学体育场地主要分为塑胶场地、水泥场地、煤渣场地、土质场地、草坪场地和木质场地等。

1.塑胶场地的管理和维护

塑胶场地的面层是聚氨酯复合材料，具有优良的性能，由于其造价不菲，为延长其使用寿命，必须对其加强管理和维护。

（1）塑胶场地的管理。

①塑胶场地除用于体育教学、训练和比赛之外，不宜他用。

②严禁各种车辆进入塑胶场地，以防漏洒机油腐蚀塑胶面层，破坏塑胶面层与基层的结合，导致局部鼓起。确需临时性在塑胶面层上行驶的工具，如足球场清草车等，经过塑胶面层地段时，须加厚度不小于5cm、宽度大于车辆车轮宽度的垫板。

③严禁尖锐物品或重物长期压在塑胶面层上，如指挥台、广告牌等，防止塑胶面层因长期挤压而变形或鼓起。

④不得在场地上使用锋利物品，防止穿刺或切割塑胶面层。

⑤禁止携带易燃、易爆和带有腐蚀性的物品进入场地，如油漆、化学胶等，

不得在场地燃放烟花爆竹。

⑥进入场地者必须穿运动鞋。跑鞋鞋钉长度不超过 8mm，跳鞋鞋钉长度不超过 11mm。

（2）塑胶场地的维护。

①经常清洗。每天清扫场地上的污物，保持整洁，应经常用水喷淋清洗，场地沾上油污时可用 10% 氨水或洗涤剂、洗衣粉擦洗干净。最好每季度安排一次大清洗。

②保持色彩和清洁。比赛前后要用水冲刷，以保持场地的色彩和清洁。同时，随着时间的延长，塑胶表面的各种标志线会逐渐褪色，因此使用数年后要喷一层塑胶液，重新描画标志线。

③保护内道。紧靠场地内侧沿的第一、二条跑道使用率较高，受损坏的程度较为明显，平时应限制使用，必要时可设置障碍物。

④及时修补。塑胶场地边沿应加掩护，不得肆意掀动，如发现碎裂、脱层、起泡等现象应及时修补。

⑤洒水排水。夏季天气炎热，须洒水降温，保护塑胶面层，防止场地温度过高，出现老化、裂缝和起泡等现象。下水道要经常清理，保持场内排水畅通。

2. 水泥场地的管理和维护

水泥场地是用水泥混凝土浇筑硬化而成的。其优点是维护简单，使用年限较长，缺点是一旦开始破裂损坏而维护又不及时就会出现大面积损坏。因此，必须做好预防性、经常性和养护性的管理。

（1）水泥场地的管理。

①禁止各种车辆（含自行车）在场地上行驶。

②禁止在水泥场地上练习铅球、铁饼等项目。

③严禁使用尖锐物品在场地上划动，禁止重物长期压在场地面层上。

④禁止在场地内吐痰和吐口香糖。

（2）水泥场地的维护。

①经常清除水泥场地上的沙土、石子和污物，特别是容易破坏表层的小石块。

②对裂缝或破损处，要及时浇筑混凝土或砂浆来修补，防止雨水渗入，损害地基。

③对水泥场地上的各种标志线的褪色，要及时进行修复或描画。

④下水道要经常清理，保持场内良好的排水性能。

3. 煤渣跑道的管理和维护

煤渣跑道一般分为基础层、弹性层和面层，其中面层由煤渣、黏土按比例混合铺筑而成。

（1）煤渣跑道的管理。

①禁止在跑道上行驶各种车辆（含自行车）。

②跑道表面需保持一定的湿度。干旱季节最好每天傍晚在跑道表面上洒水。

③保持第一道与外道跑道硬度近似。

（2）煤渣跑道的维护。

①经常修整。在开学前、期中、校运动会前后要修整跑道，一般进行除草、喷水、压实和平整等工作。

②适宜洒水。不管春夏秋冬，如果跑道表层的相对湿度达不到30%，就会因黏性差而被风吹掉表面的浮料，这既会影响正常的学校体育工作，也会加速跑道的损坏。

③定期翻修。每年翻修跑道一两次。另外，第一条跑道使用较多，硬度较大，可在第一道放置障碍物，让学生在外圈各道上练习，或在短距离比赛时尽量不安排使用第一道。

④检查排水。在雨季前，要做好下水道的疏通，以保持场地良好的排水性能。另外，要保持跑道内外水泥道沿的排水孔畅通。

⑤清理积雪。下雪后，若要清扫跑道上的积雪，一定注意要轻扫，防止将表层煤渣与雪一起扫掉，从而导致地面不平、损坏跑道，在条件允许的情况下，最好让雪自然融化。

4. 土质场地的管理和维护

土质场地是利用各种黄土、黏土等土壤铺筑而成的体育场地，在农村中小学较为常见。

（1）土质场地的管理。

①禁止穿皮鞋、高跟鞋、钉鞋进入场地。

②雨后、场地过湿或过于松软时不得使用。

③布置、收拾器械时要轻拿轻放，不得在场地上拖拉器械。

④禁止在场地内吐痰、吐口香糖或乱丢果皮和纸屑。

（2）土质场地的维护。

①及时翻修。一般安排在每年春季进行一次翻修。

②适时洒水。为保证场地的湿度，要根据天气情况经常给场地洒水，特别是大风天，以防止表面土层被风吹掉。

③注意排水。对场地四周的排水通道，要及时进行检查和修缮，确保排水通道畅通。

④及时修补。使用一定时间后，对于场地上突起的石子和出现的低洼不平处，要及时查看并进行清理和修补。

⑤清扫除草。对场地上的杂草应及时铲除，除草时尽量做到在杂草种子尚未成熟以前连根去除。

5. 草坪场地的管理和维护

草坪场地是由人工铺植草皮或播种草子培养形成的整片绿色地面，一般为田径跑道内场地，需要大量的人力、财力来维护。

（1）草坪场地的管理。

①禁止在草坪上行驶各种车辆（含自行车）。

②草坪主要供足球、棒球、垒球以及其他适宜的体育教学和部分田赛项目等使用。

③保持场地的清洁，场地内不得乱丢果皮、纸屑、石子，不得随地吐痰和吐口香糖。

④根据季节和草的生长情况科学安排使用时间。一般来讲，北方地区每年 12 月至次年的 4 月为草坪的保养期，不安排使用，5 月和 9 至 11 月可两天使用一次，

6至8月可每天使用一次；南方地区的草坪场地可全年使用，具体使用时间应根据当地气候等条件决定。

⑤使用者必须遵守草坪场地的使用规定，爱护草坪和场内的一切设施。

（2）草坪场地的维护。

①管理人员要熟悉所有天然草的生长规律与使用特点。

②除杂草。一般情况下，待草苗长出2cm后，就要拔除杂草，每周一次，连续拔4~6次，还可以视杂草生长情况适时拔除。

③修剪。草长到4~10cm高时进行修剪，每次修剪量不宜超过草高的一半。草坪一般保持2~5cm高。

④施肥。草坪施肥可用化肥或有机肥，一般以施用含氮、磷、钾比例为5∶4∶3的化肥为宜；正常情况下，南方秋季施肥，北方春季施肥。

⑤注意对草坪的病虫害防治，及时修、补、种，并更换损坏的地方。

⑥草坪不宜过度使用，应规定使用期和保养期，定期分区轮流开放使用。

6. 人工草坪的管理和维护

人工草坪即人造草坪。人工草坪是将仿草叶状的合成纤维植入机织的基布，背面涂上起固定作用的涂层作为运动场。人工草坪有色泽鲜艳、四季常绿、防晒、防水、防滑、耐磨、使用寿命长、维护费用低、可全天候使用等优点。

（1）人工草坪的管理。

①禁止机动车辆及重物进入场地。

②禁止在场地内燃放烟花爆竹、焊接等。

③禁止在场地内吐痰、吐口香糖、乱丢果皮和纸屑等。

④禁止使用化学清洁剂、除草剂或杀虫剂。

（2）人工草坪的维护。

①经常清理场地内污物，保持场地干净。

②对损坏的部分应及时修补。

③不得在场地内使用钉鞋、标枪等不当的鞋类或体育器械。

④遇雪天禁止即刻踩踏，须将表面浮雪扫净后再使用。

7. 木质场地的管理和维护

木质场地一般指运动馆（房）内的地面用实木地板、强化木地板等铺设而成的场地，一般供篮球、排球、羽毛球、体操等项目使用。

（1）木质场地的管理。

①未经主管部门或主管人批准，任何单位和个人均不得入场训练或活动。

②进入场地人员须穿软底鞋，严禁穿皮鞋、高跟鞋、钉鞋入内，避免尖锐器物划伤地板。

③严禁在场地内吐痰、吐口香糖、泼水、乱丢果皮和纸屑。

④不得随意搬动场地内的固定器材，不得推、拉器材，对于可移动器材要轻拿轻放，以免划伤地板。

⑤禁止在场地内踢球、投掷重物。

（2）木质场地的维护。

①保持地板干燥、清洁，不允许用滴水的拖把拖地板，也不允许用碱水、肥皂水擦地，以免破坏油漆表面的光泽。

②尽量避免暴晒，以免表面油漆长期在紫外线的照射下提前老化、开裂。

③在门口处放置蹭蹭垫，减少鞋底附着物对地板的损害。

④经常打蜡，最好每三个月打一次蜡，以保持地板的光洁度，延长地板的使用寿命。

⑤及时对开裂处进行填补。在填补后，适当增加地表湿度，以利于地板复原。

8. 游泳池的管理和维护

游泳馆已成为学校体育的重要场馆，不少学校均开设游泳课，建有游泳池。游泳池对卫生清洁的要求特别高，所以管理和维护工作特别重要。

（1）游泳池的管理。

①游泳前，先要对学生进行健康检查，凡患有心脏病、皮肤癣疹（包括脚癣）、重症沙眼、急性结膜炎、化脓性中耳炎、肠道传染病、发热等病者在未治愈之前，不能参加游泳。女生经期也不宜游泳。

②游泳者应穿大方得体的泳装，严禁穿白色透明的泳装入池。

③饭前、饭后半小时或急剧运动后都不宜游泳，入水前应做准备活动，通过浸脚消毒池后再入池。

④游泳时应注意安全，听从教师指挥，不得在水中嬉戏、打闹。

⑤遵守公共卫生，杜绝在游泳池内小便、吐痰、擤鼻涕；禁止在游泳池内嚼、吐口香糖，乱丢果皮和纸屑。

⑥爱护游泳池的一切设施。

（2）游泳池的维护。

①游泳池开放时间由学校根据具体情况公布，非开放时间禁止进入泳池。

②游泳池开放期间，每日池水循环不得少于 4h，池水余氯量保持在 0.3 ~ 0.5mg/L，做好余氯测定并记录在册。

③指定专人负责游泳池池水净化与消毒工作。

④经常清扫场内卫生，保证场内厕所清洁无异味。

⑤每两日进行一次池底清洁。

9. 冰雪场地的管理和维护

我国冰雪场地主要分布在东北、西北等地区，如黑龙江、新疆等地。冰雪场地由冰场和雪场两种场地组成，学校的冰场基本上采用人工浇筑形成，雪场基本为天然形成。由于冰雪场地对气候温度的特殊要求，其管理和维护工作须特别注意。

（1）冰雪场地的管理。

①学校冰雪场地主要用于教学和训练。

②课前要对场地进行安全检查，对学生进行安全、防范意识的教育，避免课上出现伤害事故。

③禁止在场地内吐痰、吐口香糖、乱丢果皮和纸屑。

④禁止在场地内嬉戏、打闹、追逐，应配备必需的救护药品和设备。

（2）冰雪场地的维护。

①坚持对冰场每日早晚浇冰各一次，雪场的滑雪道应定时压雪养护。

②维护、保管好浇冰、铲雪、压雪等所用工具。

③每天放学后清扫场内冰屑、杂物等，保证场内清洁。

④保持冰场、雪道平整，无障碍物。

二、校园体育文化在学校体育中的运用

校园体育文化是指在学校体育工作中呈现出来的文化。它是在特定校园环境中，以学习体育知识、体育技能、体育精神为主要内容，以提升学生核心素养和促进学生健康发展为主要目标的文化活动；是由学校领导、体育教师、学生和其他教育工作者共同创造的，以不同形态和特质呈现并存在。校园体育文化的形成，需要长远的规划与积累，更需要用心创造与耕耘。我们应该积极打造良好的校园体育文化环境，促进校园体育文化的发展，提升校园体育文化的内涵与价值，使学校体育真正向健康化、终身化、多元化的方向发展。

（一）体育文化墙

体育文化墙的样式多种多样，一般设置在醒目位置，让学生能驻足观看，了解上面的内容。体育文化墙可以介绍体育名人、体育知识、学生体质健康测试标准、运动卫生知识、运动安全知识等内容，如奥运文化墙（图 2-1），介绍奥运明星和奥运知识，让更多的学生了解奥运；又如体育运动项目的图解（图 2-2），让学生更好地了解和掌握运动技能，建立完整的动作表象，有效地辅助教学，从

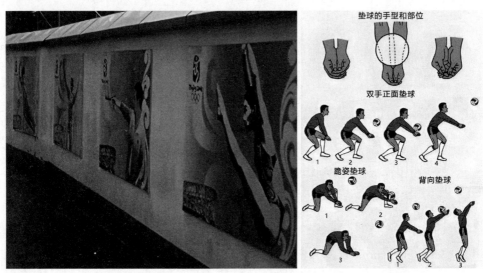

图 2-1　　　　　　　　　　　　　　　图 2-2

而提高学习效率。总之，体育文化墙可以激励更多的爱好体育的学生参与体育运动，激发学生参与体育运动的兴趣，使学生养成终身运动的习惯。

（二）橱窗（展板）体育文化

学校一般会在校园主干道、教学楼等醒目位置设置橱窗（展板），用于展出新闻、知识、人物等信息。我们可以将体育知识、优秀体育人物、体育竞赛获奖情况及精彩瞬间等内容放在橱窗（展板）中，吸引学生驻足，充分发挥校园橱窗（展板）的教育功能，如中考体育考试评分表（图2-3），让学生清晰了解测试项目和评分标准，了解自己的身体素质情况，以便于学生在课内外进行有针对性的锻炼。

图 2-3

（三）运动造型文化

运动造型是对体育项目和体育文化的图形化诠释，是体育行为的具体呈现形式之一。它既体现了人们独具匠心的创意设计，也反映出不同运动项目的技术特点，如在操场边竖立奔跑图标（图2-4）、足球运动图标（图2-5）等，可以直观形象地展示出场地的作用和功能。也可以在体育馆、体育教室、校园道路旁等场所摆放各种运动造型（图2-6），或将运动造型更加形象直观地应用于道路指示系统、景

图 2-4

观环境布置、广告宣传等。在体育教学中运动造型可以形象突出地展示出学校体育文化，让学生直观形象地感受运动项目的特点，提高学生的体育审美能力。

图 2-5　　　　　　　　　　　　　　图 2-6

（四）体育口号文化

体育口号是一个学校体育精神的外化表现，它展现的是学生的体育精神和风貌，可以鼓舞士气、增强斗志，增加活动激情，如口号"每天锻炼一小时，健康快乐一辈子！"（图 2-7），可以激励每个人坚持体育锻炼，养成终身体育锻炼的习惯；口号"成功从足下起步"（图 2-8），可以激励每一名足球运动员练好基本功；口号"扬体育精神，展青春风采"（图 2-9），可以激发学生在运动、

图 2-7　　　　　　　　　图 2-8　　　　　　　　　图 2-9

学习和生活中发扬顽强拼搏、超越自我、吃苦耐劳、团结协作、永不言败的精神，展现无悔青春。体育口号一般粉刷在操场、教学楼墙体等醒目位置，也可以印刷在一些金属制的摆牌或举牌上。

（五）体育场地、器材文化

体育场地、器材是学校完成体育教学的物质基础，也是学生进行身体锻炼的物质保障。合适的体育场地、器材会激发学生的运动兴趣，使体育教学事半功倍，如带有口号"篮世界，球精彩"的叶海辉名师工作室的篮球（图 2-10），学生拿着这样的篮球进行活动的时候，内心会充满信念，更有动力，更有兴趣，更有激情。也可以在器材

图 2-10

上印上该运动的动作图示与要领，学生在学习的时候能更直观地观察动作，掌握动作要领，如在小体操垫上印上前滚翻、后滚翻（图 2-11）图示与要领，在自制跨栏架的横板上印上跨栏跑图示与要领（图 2-12）。在横箱分腿腾越时，教师可以在跳箱箱体上贴上墙壁图案（图 2-13），示意学生前面的跳箱就是一道障碍墙，我们要突破心理障碍，勇敢、自信地接受挑战。

图 2-11　　　　　　　　图 2-12　　　　　　图 2-13

（六）体育制度文化

无规矩不成方圆，体育同样需要制度。学校体育制度不但是学校制度的重要

组成部分，也是学校体育文化的重要组成部分。它是顺利开展各项体育活动的保障，更是学校体育特色工作开展的制度保障，对学校的发展起着举足轻重的作用，需要所有成员共同遵守。学校体育制度主要包括学校体育工作管理制度、学校体育安全管理制度、体育课管理制度、体育器材管理制度、体育课考核制度、体育运动队训练制度、课外体育活动制度等。只有不断完善学校体育制度，并将制度优势转为治理效能，才能让学校体育绽放光彩。

【案例 2-1】浙江省玉环市坎门一中学生体育课常规

为了保证体育课的正常秩序，提高学生在体育课堂学习和锻炼的效果，培养学生的组织纪律和文明行为，根据浙江省中小学生课堂学习的常规，结合体育与健康教学的特点，修订本校学生体育课常规如下。

一、按时上体育课

课前两分钟全班在规定的地点由体育委员集好队伍向教师报告上课。因故不能上课的须事先办好请假手续，轻微病伤者要随堂看课（见习）。

二、做好上课的充分准备

上体育课要有一定的精神和物质准备，要穿运动服装，不穿制服、裙子，不穿皮鞋、拖鞋、凉鞋，不随身挂带小刀、钥匙等有碍活动和安全的物品。

三、遵守纪律，听从指挥

遵守课堂和操场纪律，一切行动听指挥，队列中不讲话；分组练习时，"活"而不乱，不做与上课无关的事，不随便离开课堂；有秩序地参加练习和活动，不争先恐后，不相互推挤；不任意抢占器材和场地；不影响和干扰其他班级上课。

四、专心听讲，积极参与

上课专心听讲，仔细观察教师和同学的示范，认真完成教师规定的练习指标，做到"学中练、学中思、学中悟"。

五、相互尊重，团结互助

（1）尊重教师，听从指导；对同学和气友爱，不骂人，不欺凌弱小；主动帮助同学练习。

（2）遵守课堂纪律和考试规定，不作弊，不弄虚作假，做到实事求是。

（3）注意活动安全，认真参加准备活动。器械体操练习要有保护措施，不随便做未规定做的动作，不随意玩弄器械；练习时不开玩笑，防止发生伤害事故。

（4）爱护公物，不损害场地设备，不丢失运动器材；主动协助教师做好课前、课后场地器材的布置和整理工作。

【案例 2-2】浙江省玉环市坎门一中体育教师教学工作常规

一、备课

（1）认真钻研《义务教育体育与健康课程标准（2022 年版）》和教材，明确体育与健康教学的基本任务和教学目标。经常了解学生的体能和健康状况，在此基础上，根据市区（县）规定的教学要求和学校实际情况，选配好教材，制订好学年计划、学期教学进度计划和每节课的课时计划。

（2）每节课的教学目标要明确，任务要具体，过程要优化。实践课要让学生的身体得到充分的活动和锻炼，实现运动教育与思想教育相结合，重视学生身心的健康发展。理论课要主题明确、内容充实、表达清晰。

（3）面向全体学生，精心安排每节课的教学内容，做到深度、广度、容量得当，有效把握体适能度。精心安排教学步骤，注意教学方式和方法的多样化，尤其要重视培养学生的学习方法和练习方法，积极采用现代化教学手段。

（4）在个人备课的基础上，积极开展集体备课，集思广益、取长补短、精益求精。任课班级应做到相对稳定。注重教法、学法和练法的研究。

二、上课

（1）提前完成器材和场地的准备，上课铃响之前在集队地点迎候学生。穿整洁的运动服装，仪容端庄，举止文明，不佩戴首饰。

（2）讲解指导要用普通话，语句要简洁、准确；新难教材（动作）须做示范；随时注意教学过程中的信息反馈，及时调节和控制练习量，提高课堂教学效率。

（3）课内的组织教学要贯穿始终，对学生的分组练习要有明确要求（如练习场地、动作规格和数量等），尽量使学生的身心充分活动；不得让学生任意自由活动（"放羊式"课堂），教育学生养成良好的上课习惯和组织纪律。

（4）爱护和关心每一个学生，特别是体育学困生和残障学生，严禁体罚和侮辱学生。

（5）重视教学和活动中的安全，课前要细心检查场地、器材，组织纪律要严明，技术动作教学要规范，防止发生伤害事故。

（6）不拖堂或提早下课，下课前做好放松整理运动、小结和作业布置；课后要及时摘记教学效果和经验教训，不断改进教学。

三、辅导和课外活动

（1）教学的各个环节都要贯彻"承认差别、因材施教"的原则，根据学生的不同情况，选用适当的方式进行教学。协同班主任抓好课外体育活动，丰富活动内容，完善组织形式，吸引全体学生积极参加，落实每天一小时的体育锻炼。

（2）吸收有体育爱好和特长的学生参加课余体育训练，帮助他们发挥志趣专长，对体弱和基础差的学生，要给予具体的指导，使他们在原有的基础上有新的提高，达到基本的教学要求。

（3）承担课外运动队的训练任务，训练要有计划和安排，并注重加强运动队的思想教育和管理。

（4）按照市教育局和学校计划，安排节假日的体育活动，组织学生参加体育竞赛等多种形式的体育活动。

四、成绩考核

（1）学生体育成绩的考试须按《义务教育体育与健康课程标准（2022年版）》的统一要求进行。从核心素养入手，对学生的运动能力、健康行为、体育品德进行综合性的评价。考核和评分要坚持实事求是，实行多元化评价，突出过程性评价，关注学生的个体差异，促进学生的个性发展。

（2）加强考核工作的组织和管理，严格遵守有关规则和规定。认真填写学生体质健康情况登记表和体育成绩册，对考核不及格的学生应在学年结束前给予一次补考（术科）不及格项目的机会，这类补考须由教研组统一负责组织。

（3）对重点教材的考核应进行质量分析，并引导学生自我分析，使师生共同认清教学中的问题，明确今后方向。

五、教研活动

（1）积极参加教研活动，努力学习教育理论和体育科学，探索提高体育课堂教学质量的途径和方法，经常分析教学状况，开展教学专题研究和教改实践，注意经验积累和总结，探索教学规律，不断提高自己的教学水平。

（2）每周至少听1节课。教研组每学期要组织若干次集体备课、研究（公开）课、技能提升活动等，公开课后应认真讨论。听课记录要作为教学资料保存。

（3）将自己的教学特长与教学问题相结合，从自己擅长的角度出发，有计划地选择课题，开展教学研究。积极撰写教育、教学科研论文。

（七）体育服饰文化

体育服饰文化是人们长期在体育运动实践中形成的一种亚文化，是介于服饰文化和体育文化之间的一种边缘文化。体育服饰文化以实用为其首要的价值取向，一般具有实用与审美的双重意义。色彩是其最活跃和最醒目的元素。校园体育服饰包括校服和运动服，校服和运动服上印有学校的Logo（图2-14）和理念（图2-15）；也可以在运动服上标注运动员的姓名，使之成为学生的专属服装。学生穿上运动服后，会产生归属感和自豪感，对穿同样服饰的同学产生认可感和亲近感，有助于培养学生的团队意识，激发学生的凝聚力。此外，校园体育服饰还可以帮助学生树立平等意识、审美观和时尚观等，彰显校园文化和校园特色。

图2-14　　　　　　　　图2-15

（八）体育图书文化

校园体育图书大致包括两类：一类是教师用书，另一类是学生用书。体育教师要认真研学课程标准，了解教学内容和目标要求，掌握教材的知识体系，研究教材性质特点和技术结构，找出它们内在的联系，明确每一节课的教学任务和目标要求；了解学生身心发展的关键期，注重学生体育技能的掌握，积极提炼体育的内涵和精神，让学生在增强体魄的同时，塑造健全的人格，形成良好的心理素质。此外，体育教师要紧跟时代步伐，不断学习新的知识和技术，增强自己的专业水平，提高自身的职业素质。学生不仅要掌握运动技能，也要学习课本中的体育卫生知识。在体育活动中遵循体育卫生原则可以预防运动损伤的发生，强化体育锻炼的效果。

（九）体育多媒体文化

体育是一门综合性较强的学科，体育多媒体包括与体育有关的文字、图片、声音和视频及其所提供的互动功能等。在校园，它通常包括课间操音乐、运动会开幕式音乐、运动会闭幕式音乐、体育赛事转播，以及体育课上教师为使学生更好地掌握运动技能进行的多媒体教学等。在体育课中，音乐的旋律可以营造良好的体育活动意境，调动学生的内驱力，激发学生参与体育活动的兴趣，培养学生良好的节奏感，还可以消除学生的运动疲劳。

多媒体教学可以通过多媒体教案中图像和影像的变化来展现体育动作的变化过程。在多媒体教学中，教师可以进行实时讲解，如对于某个具体动作可以先暂停再讲解，也可以对图像进行慢速或重复播放，将复杂的动作分解成简单的单个动作。体育多媒体教学还能充分发挥对学生视觉、听觉的刺激，充满趣味性，使教学更多样化。

（十）体育竞赛文化

学校体育竞赛主要包括学校运动会、单项竞赛、体育节、校园体育吉尼斯等。

随着阳光体育运动和体教融合的深入推进，运动会正向全员性、趣味性的综合性方向发展，具有鲜明的群体性和观赏性。广大师生通过直接参与和间接参与的形式，既能充分地认识自我、展现自我，又能培养团结协作、拼搏进取、遵守规则的体育精神。同时，学校体育竞赛不仅可以使师生感受体育竞赛的魅力，享受运动的快乐，释放学习和工作的压力，还能激发师生的荣誉感、责任心、集体观念和发奋图强的优良品质。因此，学校体育竞赛不仅是学校教育、教学的一项重要内容，也是校园体育文化的重要表现形式，更是校园文化的重要组成部分。

三、校园场地在体育教学中的运用

校园场地指校园内各种体育场地、广场、道路、绿地、边角地带、走廊等地理空间。在体育教学中，我们可以将校园场地与体育教学有机结合、科学统筹，因地制宜地对其开发利用，助推学校体育更好地发展。

（一）在大课间活动中的运用

1. 充分利用校园场地

常见的校园场地有田径场、篮球场、排球场、羽毛球场等公共活动区域；还有教学楼的走廊、连廊，教室的过道（雨雪天气可以充分利用），校园内的空地、绿化带（山东省青州市海岱小学，图 3-1）以及教学楼的楼顶（浙江省玉环市实验学校，图 3-2）等校园内可开发可利用的空间。

图 3-1　　　　　　　　　　　　　　　　　图 3-2

2. 科学划分运动场地

现在大多数城区学校班级多、人数多，人均运动面积严重不足。为了使学生的各项活动有序进行，学校需要对全校运动场地进行合理划分和使用，建议将全校运动场地划分为跑步区、球类区、跳跃区、投掷区、技巧区、游戏区等，有条件的学校可以考虑利用边角地带。

（1）班级活动区域和公共活动区域：班级活动区域的划分，通常是按照就近原则，即活动区域是离各班教室较近的地方；公共活动区域则是面积较大的场所，如田径场、乒乓球场、篮球场、羽毛球场等。公共活动区域内允许各年级学生有序进入活动，但是由于场地有限，应合理规划各年级学生轮流使用公共活动区域。

（2）标准区域与非标准区域：标准区域通常指标准的球类场地、田径场等；非标准区域通常指根据一定比例缩小的球类场地以及边角地带。比如，把学校标准的足球场划分为几块小型足球场，让更多的学生能够参加活动；还可以在场地外非标准区域的边角修建沙坑、平梯、单杠、双杠、对墙投掷区、斜坡跑道及联合器械设施等。

（3）单一区域与组合区域：单一区域是指单个项目的活动区域，如游戏区、跳跃区、器械区、球类区等；组合区域是把多个项目组合在一起，如有的学校把秋千、滑梯、单杠、平梯、联合器械等集中在一个区域，组成一个综合性的活动场地。

3. 合理组织和安排大课间活动

根据学校活动区域的划分，大课间活动的组织和安排可以采用错时法、定项法、定位法。

（1）错时法：根据场地的大小可以按照学段进行先后活动。例如，上午大课间安排一、二、三年级活动，下午大课间安排四、五、六年级活动；九年一贯制学校可以上午错开上课时间段进行大课间活动。

（2）定项法：每天每班根据事先安排的运动项目，提前准备相应的器材，并到指定的场地进行练习。例如，甲班利用大课间锻炼学生的排球垫球技术动作，可以选择排球场；乙班利用大课间提升学生的跳绳技术，可以选择跳绳活动区。

（3）定位法：采用就近原则和项目优先原则，给每班安排指定练习位置，全面合理地运用校内场地资源，避免场地资源的闲置。

（二）创建快乐体育乐园

为了保障学校各项活动的有序开展，真正做到"处处有健身设施，时时能快乐活动"，学校应充分利用所有边角地带，因地制宜地设置多种新颖有趣的快乐体育乐园，如攀岩墙（图3-3）、独木桥（图3-4）、组合类游乐场（图3-5）等，使学生的活动空间得到扩展，活动设施得到补充与完善。

图3-3　　　　　　　　　　图3-4

图3-5

（三）在综合素质拓展中的运用

1.校园定向

定向运动是指利用地图和指北针，依次到达地图上所示的各个地点的体育活动，以最短时间按顺序完成所有地点打卡者为胜。在校园里进行的定向运动称为校园定向。校园定向作为一项集健身、趣味和竞技于一体的新兴体育项目，符合青少年身心发展的需要。在学校里进行系统的校园定向教学和训练，不仅能增强学生体质、增长学生知识，而且能提高学生的逻辑思维能力和独立分析解决问题的能力。校园定向对教学场地、环境的要求都不高，在校园操场、绿化带、道路、空地等都可以进行。根据组织形式，校园定向一般可分为个人定向、积分定向、团队定向和接力定向几种。

（1）个人定向。

事先绘制好校园平面图（图3-6），根据活动的需要在校园内预先设置若干个打卡点，每人以不同的顺序到打卡点打卡，完成打卡后在终点集合，打卡顺序正确且时间短者为胜。（图3-7）

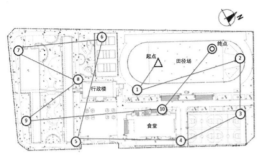

图 3-6   图 3-7

（2）积分定向。

在校园内预先设置多个打卡点，根据地形的难易程度、距离远近、点的位置不同而赋予每个打卡点以不同分值。在规定时间内寻找若干个或全部打卡点，以积分最高且用时最少者为胜。

（3）团队定向。

在校园内预先设置多个打卡点，以小组为单位（建议 2 ~ 5 人为宜），所有小组成员必须全部到齐才能打卡，用时少的组为胜。（图 3-8）

（4）接力定向。

在校园内预先设置多个打卡点，以小组为单位（建议 2 ~ 5 人为宜），每人完成 2 个或多个打卡点，然后将打卡记录纸传递给下一人继续打卡，直到最后一人完成打卡任务，用时少的组为胜。（图 3-9）

图 3-8   图 3-9

建议：可以每人一个秒表，每完成一次打卡记录时间，每人的时间之和为该组的最终成绩，总用时少的组为胜。

2. 任务定向

任务定向是指在定向运动的基础上，还须在打卡点完成一定的任务，方可继续前往下一个打卡点，如安排俯卧撑、开合跳、跳绳、蹲起等易操作的练习内容。任务定向会激发学生对任务的直接兴趣，有助于提高教学效果。

在个人定向、积分定向、团队定向、接力定向等四个定向活动中，每个打卡点可设置相应的任务。例如，团队定向的打卡点设置以小组为单位，要求每人完成一定数量的仰卧起坐，记录所需要的时间。（图 3-10）

3. 亲子定向

亲子定向是一项既能增进家庭成员间的感情又能健身的活动。活动时，家长和孩子一起带着记录表，按照记录表上的路线完成打卡，可根据参赛队伍的数量设置相应的一、二、三等奖。（图 3-11 为打卡，图 3-12 为"亲子定向"记录表）

建议：可以在打卡点设置难易不同的打卡任务，亲子一起完成，如双人跳绳、推小车、拉手跳转、背人、钻跨组合等合作项目。

4. 校园寻宝

学生分成若干组，每组发放一张标有不同路线藏宝点的校园平面图，指定一个组长。比赛开始，各组同时出发，找齐图上全部宝贝后返回起点，时间最

图 3-10

图 3-11

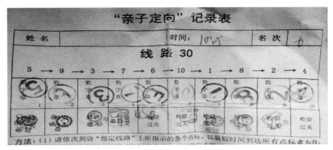

图 3-12

短的组为胜。比赛期间派出几名监督者（见习生）全程监督，对不遵守寻宝规则的小组酌情加时。

建议：

（1）宝藏代替物可以是编好号的乒乓球、羽毛球；也可以是一张完整图片的多个不规则碎片，要把整幅图片拼起来；还可以是其他的简单拼图、扑克牌、象棋、围棋等。

（2）不同的学段可以选择不同的场地范围，如一间教室、一块田径场、一幢教学楼、整个校园等。

5. 校园慢跑

学生 5 ~ 8 人一组，各组推选一人做组长（领跑人），组长站在排头。听到哨声后，各组在组长的带领下，在指定的范围内，利用学校的地形、地物跑出有创意的路线，当跑完规定时间（如 3 ~ 8min）后回到集合点，看哪组队伍既跑得整齐，路线又有新意。跑步中，队伍前后跟紧，不要脱节，并注意避让其他组。

变通：

（1）跑步队形可以是蛇形、方形、圆形、三角形、螺旋形、"8"字形、十字形、半圆形等。

（2）跑步方式可合理利用地形、地物，采用绕、跳、踏、钻或慢跑、快速跑等。

（3）为了便于学生及时知道时间进度，教师每分钟和最后30s要报告时间。

（4）为调动小组成员的积极性，大家可轮流担任领跑人，每人领跑一段时间，或指定几人负责领跑。

建议：

（1）校园慢跑场地可以选择比较常见的地方，如规范的跑道或者大课间班级所规定的区域，也可以选择校园内的平坦路面，如绿化带内的小路或边角地带等。小组或个人按照规定路线活动。（图3-13）

（2）可以小组成员一起商讨路线，进行同一路线的5min慢跑，或者每人都做火车头，带领小组内其他成员按照路线进行慢跑。

6.环校跑

环校跑要最大限度地利用校园边角地带，让学生用脚步去丈量校园，用双眼去观察校园的花草树木，用心感受校园的文化气息。环校跑可作为校园传统体育项目，进行个人赛或团队赛（选择宽度为1～2m的主干道），发展学生的速度、耐力素质，培养学生敢于拼搏的意志品质。（图3-14）

图3-13   图3-14

四、小场地在体育教学中的运用

校园里除了田径场、篮球场、排球场、羽毛球场等场地外，还有许多零星的小场地，如校园内的广场，绿化带空地，楼前、楼后或楼与楼之间的平坦场地等。在学校运动场地不足的情况下，这些小场地的利用是缓解运动场地不足的有效途径。为此，学校在大课间、课外体育活动、教学或训练中要因地制宜，最大限度地开发与利用小场地资源，弱化运动场地不足给体育教学带来的种种弊端，为学校体育保驾护航。

（一）小场地的开发

学校的小场地大多比较分散，如合理运用，可提高空间利用率，也能有效地解决学校生均运动面积少的问题。根据以往的探索和实践，小场地的开发可以从以下几个方面考虑：

（1）小型球场。对校园内小场地或边角场地进行拓宽改造，将之建设成羽毛球场（图4-1）、排球场、乒乓球场（图4-2）、嗒嗒球场（图4-3）等球类场地。对于校内较大的空旷场地，如楼前小广场，可将其开发成临时的体育场，放置便携式球网或在地上打立柱洞，使用时插立柱组装，不用时拆下，不影响其原有功能。也可根据现有场地的面积，因地制宜地按标准场地进行缩小建设，如建设半个篮球场（图4-4）或摆放多个篮球架，

图 4-1

图 4-2

图 4-3

图 4-4

用于投篮练习和二对二、三对三等篮球比赛。

（2）小型游戏场。利用校园内小场地的自身条件，选取平坦、大小适宜的场地，画上各种适合相应年龄学生玩练的地面游戏图案（图4-5），或者直接利用校园内小场地进行打陀螺（图4-6）等游戏。

图 4-5

图 4-6

（3）小型体育乐园。对于学校运动场周围、边角地带或空闲场地等地方，可安装一些攀爬网、独木桥、肋木、秋千、单杠等体育器材，将之打造成体育乐园（图4-7），供学生自主锻炼和游戏。具体请参考本书第六部分"体育乐园在体育教学中的运用"。

（4）小型多功能场地。对于校园内较大的空旷场地，可以设计小型篮球场、地面身体素质功能区和地面游戏区，将其打造成一个小型多功能场地，这样的场地定会成为校园内一道亮丽的风景线。（图4-8、图4-9）

（二）小场地的利用

个别学校由于场地小，无法同时开展全员运动项目。如果对校园内小场地进

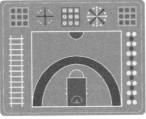
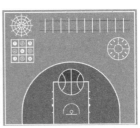

图 4-7   图 4-8   图 4-9

行合理规划、统筹谋划，并且教师之间相互协调，采用灵活多样的教法，也能够适当缓解学校运动场地不足的现状，满足学校部分体育活动的需求，如体育课堂教学、大课间活动、体育社团活动、课外体育活动等。

1. 网格法

根据学校闲置场地的空间布局、数量及大小，将校园内各小场地划分成若干个网格，然后采用位置网格、项目网格进行网格处理。位置网格是每一位教师分到一个区域，教师在自己的区域内组织教学。这个位置网格也可以是班级位置、个人位置，在大课间或体育教学中，班级在固定区域进行练习，要求学生位置不变而教法多变。项目网格是将各区域按运动项目分区，轮到上篮球课的教师去篮球区块，轮到上排球课的教师去排球区块等。采用网格化管理，可以让小场地的使用更加科学有序，不断提升小场地的使用率，更好地服务学校体育。

2. 自然法

自然法是充分利用学校的建筑物、绿化带、道路等地形地貌，做自然的跑、跳、投等练习。例如，沿着花坛跑（图 4-10）、绕树慢跑、台阶交换跳、跑楼梯、靠墙手倒立、互投互接（图 4-11）、绕过障碍等。这些方法因地制宜、灵活机动，能很好地激发学生的练习兴趣。

图 4-10

图 4-11

3. 循环法

循环法是指在有限场地上重复进行各种形式的走、跑、跳等练习，如绕场跑、"8"字跑、对角跑、蛇形跑、螺旋形跑、快慢相间跑等，还可以进行左右（前后）移动、多级蛙跳、走跑交替等。虽然场地有限，但通过巧设计妙组织，同样可以实现健身的目的。

4. 错时法

学校教务处在排课时，要考虑体育场地的情况，做到统筹兼顾，合理分配，错时上课；要考虑因年龄差异产生的活动内容差异及由此产生的场地需要差异，错时安排，充分合理地利用场地。教师在课堂教学中可以进行场地交换，需要同样场地的教学内容错开时间进行安排，如两位教师在同一个时间段需要用同一块场地时，可以一位教师将内容安排在课的前半节，而另一位教师将内容安排在课的后半节。

5. 轮换法

轮换法是将一个班级分成 2 ~ 4 组，在各个小场地进行分项分组练习，在到达练习时间后，按规定的顺序进行轮换练习。此法适合相关技术动作的自主练习或比赛，也适用于体能练习或游戏。例如，全班分成 4 组，分别在临近的两个小场地练习（每个场地两组），如第一组跳绳、第二组快慢相间跑、第三组蛙跳、第四组立卧撑，统一练习时间，听哨声小跑，依次轮换，直到每组都做过一轮。轮换法可以确保小场地的空间得到充分利用，学生也有一定的运动强度和练习密度。

6. 替代法

小场地空间有限，不能像大场地那样正常安排教学，因此，教师在安排一些练习时，要考虑场地环境及安全因素，不能使用常规的器材，而应用其他的器材来代替。例如，用纸球、羽毛球、乒乓球等代替垒球进行投掷练习；用跳背来代替山羊进行分腿腾越练习；用跳松紧带来代替跨越式跳高的横杆进行跳高练习；用原地踏步走、原地跑步走来代替行进间的齐步走和跑步走等。这些方法既可以增加练习次数，又可以防止运动损伤。

五、边角地带在体育教学中的运用

边角地带是指校园中的运动区、教学区、生活区、建筑设施、绿化带等周围的碎片区域。对于人数多、体育场地不能满足学生需求的学校来说，边角地带的开发与利用显得尤为重要。边角地带的开发与利用不仅可以增加空间的利用率，而且可以丰富校园文化，营造良好的体育锻炼氛围。

（一）零散边角地带

零散边角地带是指相隔较远的边角地带，通过合理规划，可以使其活动场地由水平向立体延伸，并形成一块独立的体育活动场地。

1. 楼梯、台阶

利用楼梯、台阶进行跑楼梯或跳台阶练习。尤其是遇到下雨、下雪等天气又无充足室内场地的时候，可以充分利用学校的楼梯和台阶。若在教学班附近进行跑楼梯或跳台阶练习，教师可要求学生落地轻盈。这样既强调了落地缓冲的技术要领，又不影响其他班级正常的教学秩序。

2. 墙面、墙角

在墙面或墙角边安装简易的器械，如攀岩点、飞镖靶、篮圈、平衡木、小栏架、仰卧起坐架、梅花桩、吊环、吊杆等，既提高了空间利用率，又方便了学生闲暇时健身，还营造了良好的体育锻炼氛围。（图 5-1）

图 5-1

3. 绿化带边角

在校园绿化带边角空地或绿化带中面积相对较大的地方，可以安装单杠、双杠等体操器械（图 5-2），也可

图 5-2

以利用校园行道树或绿化树林进行蛇形跑、篮球运球、足球运球（图5-3）等练习，满足学生课余锻炼的需要。

4. 建筑物周边

可在建筑物前后、田径场边沿、看台下、天桥下及学生经常经过的地方安装单杠（如学生宿舍楼前的单杠，图5-4）、吊环、吊杆、斜身引体架、仰卧起坐架、弹力带挂钩等器材，作为正规体育训练场地的延伸，提供全方位、多角度的练习场所，将体育融入学生生活。

5. 走廊或连廊顶

在走廊或连廊等通道上方安装一些摸高器或高低不等的彩带，学生可以在课余进行摸高练习。

（二）集中边角地带

集中边角地带是指相隔较近的边角地带，可以将其改造成体育活动乐园。

1. 迷你器械场地

在临近的每一个边角地带上安装1～3件体育器械，如攀爬网（图5-5）、梅花桩（图5-6）、组合攀爬架（图5-7）、单杠、平梯、肋木、仰卧起坐架、乒乓球台（图5-8）、拉伸台、弹力带挂钩等，

图 5-3

图 5-4

图 5-5

图 5-6

使之既可作为课堂教学分组轮换练习场地，也可作为日常单项体能提升场所。

2. 微型体育场地

根据边角地带的形状，在地面绘制不同形状的体育游戏图案，如跳房子、十字跳（图5-9）、九宫格跳步、地面飞行棋（图5-10）等；学生也可以利用地面自带的线条进行"闯关""木头人""老鼠偷油"（图5-11）等游戏；还可以将边角地带改造成微型跑道（图5-12），让学生享受别样的运动场地。

图 5-7

图 5-8

图 5-9

图 5-10

图 5-11

图 5-12

3. 小型体育文化广场

楼梯转角、操场角落或柱子等地方可以绘制体育动作分解图或展示体育动作要领、体育口号、体育故事或体育人物简介等，供学生学习，提升学生的体育知识水平。

4. 小型器材室

靠近运动场地的边角地带可以设置一些小型器材室（图5-13），在里面存放各种体育器材。比如，在墙边放置轮胎架（图5-14）、足球架（图5-15）等，方便学生在体育课、大课间和课外体育活动时取用体育器材。

图 5-13

图 5-14

图 5-15

六、体育乐园在体育教学中的运用

体育乐园是指在学校运动场周围、边角地带或校园绿化带等地方，安装一些体育器械及设备，供学生自主锻炼与游戏的体育活动场所。建造时，学校要以学生年龄特点、兴趣和爱好为出发点，根据实际情况设定乐园面积大小，可借鉴儿童乐园、幼儿园以及社区体育主题公园一些新颖、有挑战性和趣味性的项目，如爬杆、爬绳、云梯、梅花桩、独木桥、漫步机、绳墙、秋千、匍匐前进网等，对于小学生还可以增加跷跷板、滑滑梯等项目。体育乐园的建设和使用不仅可以使学校体育工作充满生机和活力，还可以调动学生参与体育活动的积极性，助力学生健康快乐成长。

（一）体育乐园的场地选择

1. 运动场周围

在学校田径场、篮球场、排球场等周围，设计和建设体育乐园，为教学和课余体育锻炼提供充足的场地。初、高中学校可结合中、高考要求在运动场四周设置单杠（图6-1）、双杠等健身器材，方便学生体育课及课外体育活动时使用；小学可设置娱乐性较强的体育乐园，如在运动场周围摆放废旧轮胎（图6-2），学生进行一些速度、灵敏、力量、平衡等身体素质练习；还可借助运动场周围空置的地面画格子，学生进行跳房子或掷准等娱乐性较强的体育活动（图6-3）。可见，运动场周围的场地，不仅可以作为学生日常体育锻炼的场所，还可以作为

| 图6-1 | 图6-2 | 图6-3 |

体育课堂教学的场地。

2. 小场地

学校里除了标准的体育场地外，还有一些大小不一的闲散小场地。学校可通过科学合理的设计，在小场地建设实用简易的体育乐园。例如，在教学楼前小广场放置乒乓球桌（图6-4）、大型玩具（图6-5），在绿化带及周围的空地建设综合类体育器械（图6-6），等等。

图6-4 　　　　　　　图6-5 　　　　　　　　图6-6

3. 校园边角地带

学校可充分利用教学楼前空地，建立有爬绳、单杠等的小型体育乐园（图6-7）；可以墙体为依托建立攀岩墙（图6-8）；也可充分利用教学楼拐角处建立一个四面紧凑的攀爬类小乐园（图6-9）。校园边角地带体育乐园的建立，对场地大小、规整程度没有要求，主要是要符合安全、学校场地情况、学生年龄特点以及学校教学、体育活动的需求。校园边角地带的体育乐园可用于学生社团活动、课余活动和体育教学。小学阶段建议设置趣味性比较强的活动器械，如独木桥、浮桥、秋千等；初、高中可以结合中、高考要求以及学生年龄特点等，设置单杠、爬绳等对身体素质要求较高的活动器械。

图6-7 　　　　　　　图6-8 　　　　　　　　图6-9

4. 校园绿化休闲地带

学校可在校园草坪、树林、绿化带等处建立体育乐园。例如，以树干为器材，在树林处建立梅花桩场地（图6-10）；在校园藤架长廊下建立各式各样的体育乐园（图6-11）；在校园树木边上设置各种攀爬类器械（图6-12）、单双杠器械（图6-13）等。

图6-10　　　　　　　　图6-11　　　　　　　　图6-12

5. 空置楼内空间

学校可选取较为空旷的教学楼一楼大厅，摆放一些体育器材，如乒乓球桌和悬挂摸高器（图6-14）；也可在墙壁上安装攀岩点（图6-15），或在地面画上跳房子、跳脚印（图6-16）等游戏图案。学生在经过这些区域的时候，可以适时进行锻炼，合理利用碎片时间。

图6-13　　　　　　　　　　　　　图6-14

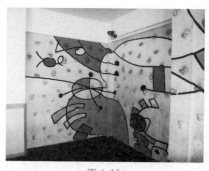

图 6-15   图 6-16

（二）体育乐园的分类

1.路径类

学校的器械场地一般设有单杠、双杠、云梯、摸高架、肋木架、健腹机等器械，它是学校最基础的健身路径。随着校园体育场地逐步面向社会开放，为了配合群众健身锻炼的需要，越来越多的学校建设了健身路径，除传统的体育器械外，还安装健骑机（图 6-17）、平步机、综合训练器、多功能训练组合器械（图 6-18）等。因地制宜地打造一条集安全性、科学性、实效性、健身性、娱乐性和观赏性于一体的校园健身路径，正成为今后校园健身路径的发展趋势，也将为学生的体质健康做出贡献。

图 6-17   图 6-18

2. 主题类

根据学校发展特色、校本课程和场地规划的不同，学校可以建设不同主题的体育乐园，如军事、轮胎、力量等主题。

（1）军事主题。

近年来，有些学校以红色教育作为校本教材，学校体育乐园也结合学校特色建立军事主题乐园，如结合校园场地的特色，设立独木桥、晃荡桥（图 6-19）、攀高台、攀爬网绳（图 6-20）等体验项目，让学生体验飞夺泸定桥、爬越障碍物、匍匐前进等红色军事主题活动。

（2）轮胎主题。

以废旧轮胎为器材，可以提高学生的运动乐趣。根据项目的不同采用固定的轮胎或者移动的轮胎，学生进行钻越（图 6-21）、攀爬（图 6-22）、跳跃（图 6-23）、滚轮胎（图 6-24）、翻轮胎或轮胎负重前行等活动。

图 6-19

图 6-20

图 6-21

图 6-22

图 6-23

图 6-24

（3）力量主题。

在操场周围，安装多功能组合云梯（图 6-25）、攀爬墙（图 6-26）等各种发展力量素质的器械。其中，云梯可根据学校场地、学生素质等情况进行设计，也可设置成攀爬类校园体育吉尼斯挑战项目。

图 6-25

图 6-26

3. 游戏类

在校园空地的地面画上符合学生年龄特点的传统体育游戏图案，如跳房子（图 6-27）、"老鼠偷油"（图 6-28）、跳格子（图 6-29）等。还可以借助校园内的大小场地，放置一些移动式球网或简单拉上绳子作为球网，辅助学生进行各种球类游戏。

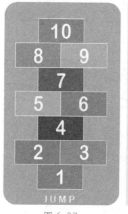
图 6-27

图 6-28

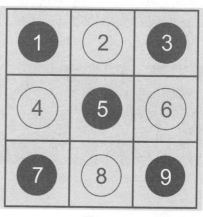
图 6-29

4.拓展类

当前，拓展活动越来越受师生的喜欢。拓展活动能更好地启发学生的想象力和创造力，使学生学会关心他人，增强学生的自信心，培养学生的团队合作精神。因此，拓展类体育乐园正逐步走进校园，其要求器械多样化、难度分层化。结合不同学段学生的身心特点，可设置具有一定挑战性的个人或团队项目，如穿越电网（图6-30）、信任背摔（图6-31）、攀岩墙、爬越障碍物、独木桥等项目。拓展类体育乐园一般采用组合式设计（图6-32），为确保安全，场地应采取封闭式管理。

图6-30

图6-31

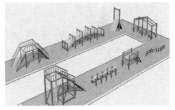
图6-32

七、田径场在体育教学中的运用

田径场是开展田径运动项目的场地，主要用于田径运动项目的教学、训练和比赛。田径场由环形径赛跑道及各田赛区组成，道宽1.22m或1.25m，包含5cm宽的分道线，分外场、中场及内场三个部分。外场是指径赛跑道外的空间，一般设有看台；中场是指塑胶建成的径赛跑道；内场是指由塑胶或水泥地面铺成的田赛场地或者由人工草坪或天然草坪铺成的足球场地。从实用性和维护成本考虑，内场的人工草坪越来越多，并逐步代替天然草坪成为学校的首选。田径场作为学校体育活动的主阵地，在体育课、大课间中利用频率最高，如何有效地利用田径场，丰富田径场在体育课堂教学、训练中的运用，推动体育课堂有效落实，值得每一位体育教师共同去思考和创新。

（一）田径场在大课间跑操中的运用

田径场作为学校大课间的主阵地，一般用于开展国颁操、自编操、跑操和分项活动等内容。跑操属于移动项目，是校园中一道流动而亮丽的风景线，也是学校的标志和文化。为此，我们可以根据学生数量对场地进行合理的安排，让每一个学生都能充分利用好大课间的时间，享受运动带来的健康和乐趣。

1.常规跑

常规跑也称环形跑。根据跑操设计要求，各班成4～8路纵队或横队，站在塑胶跑道指定的位置上集合，班级前后距离5～10m，听到跑操信号后，全体学生同时起跑，保持班级方阵匀速跑进。

建议：如果学生人数过多，跑道上站不下全校学生，可以在内场为人工草坪（塑胶或水泥地）的场地上画一条辅助跑道，将其余班级安排在内场的辅助跑道进行跑操（图7-1为实效图，图7-2为设计图）。

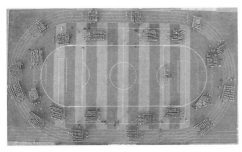
图 7-1

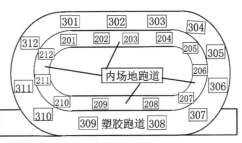
图 7-2

2. O 形跑

对于班级和学生数多、场地少的学校，可以由每两个班组成一个单位，各班一路纵队，采用两班头尾相接转圈法（虚线和实线分别代表一个班）进行跑操；若为小场地，则可以将一个班级分成两路纵队进行 O 形跑。（图 7-3）

3. 蛇形跑

各班成一路或两路纵队，班级之间头尾相接，按照规定的跑操线路，在排头的带领下进行左后转弯跑、右后转弯跑，全校队伍成蛇形跑进。（图 7-4）

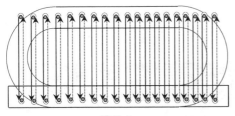
图 7-3

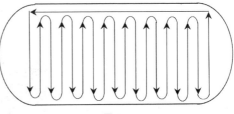
图 7-4

4. 花式跑

创新是教育的灵魂，也是教育发展的根本动力。体育教师要与时俱进、集思广益，不断推陈出新，结合学校实际情况，对传统跑操进行创编，科学规划跑步路线，精心设计跑操图案，赋予跑操新活力，彰显时代特性。例如，设计圆形、雪花形（图 7-5）、

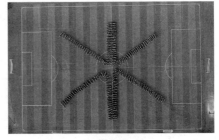
图 7-5

X形（图7-6）、组合三角形（图7-7）、五角形等多样跑操图案，让学生跑出自信，跑出健康。一般要求田径场内场为人工草坪、塑胶或水泥地，学生成2～5路纵队为宜。

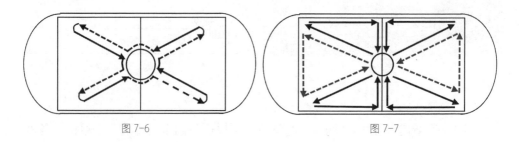

图7-6   图7-7

【案例7-1】田径场在初三大课间跑操中的运用

对照"教会、勤练、常赛"的要求，将大课间活动作为体育课的延伸与补充。特别是在中考背景下的初三大课间运作新模式下，大部分学校会安排大课间跑操来增强学生的耐力等身体素质，但由于内容枯燥、重复，久而久之，学生练习的积极性和主动性逐渐降低，部分学生存在出工不出力的现象。为此，针对初三学生，我们经过不断摸索和创新，科学地利用跑道设计对大课间跑操的内容和形式进行创新，使学生始终保持对大课间跑操的新鲜感，从而快乐地跑起来。实施以来，我们发现与原来单纯的跑操相比学生反馈良好，学生的体能和技能也有了明显的提高。下面以浙江省玉环市坎门一中为例（图7-8为实效图），将经验总结整理，分享给大家。

图7-8

1.基本情况

场地为半圆式300m、6条跑道的塑胶场地，南北朝向。学校共有30个教学班，学生1290人，初三共有10个班。学校大课间活动安排在上午第二与第三节课之间，时间为35min。

2.具体内容

为了便于实施和学生理解、记忆，大课间活动的内容均以组织队形来命名，集合地点固定不动（图7-9），每次大课间活动分为准备（慢跑、徒手操）、练习（耐久跑、50m跑、300m跑、跳绳、立定跳远、下肢力量练习、排球垫球等内容）、放松（静力性拉伸）

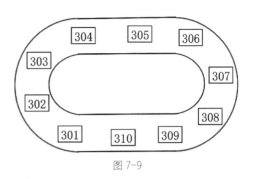

图7-9

等三个环节。其中，慢跑一般为2圈，接着进行徒手操，随后根据本次大课间练习内容的要求迅速调整队形。练习结束后，以班级为单位组织拉伸活动。具体组织形式如下：

（1）耐久跑队形。

各班男女生各两路纵队站在集合地点，女生站在第3、4道，男生站在第5、6道。听到开跑信号时，全体学生同时起跑，跑步圈数为4～6圈。第1、2道用于安排个别身体不适或特殊体质的学生。

（2）50m跑队形。

各班成6路纵队，分别站在6条跑道上。10个班级分成两大组，初三1～5班站在北半圆弯道上，初三6～10班站在南半圆弯道上，第一个开跑的初三1班和初三6班队伍的第一排学生站在第二、第四直曲段分界线（起跑线）上。两位现场发令教师各站在第1道内侧前方，逐一有序发令。学生6人一组向前加速跑，跑至弯道后减速，接到前方队伍后面，等待下一组练习。安排4～8组练习。（图7-10）

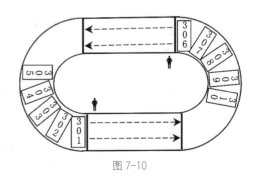

图7-10

建议：可以让学生原地做高抬腿、开合跳、纵跳、小碎步等练习，听到哨声后迅速跑出，发展学生的反应能力。

（3）300m 跑队形。

各班成 6 路纵队，全部集中在第一直曲段分界线（终点线）后一米线处（预跑线），站在第 1、2、3、4 道，第 5、6 道空出，用于跑步。教师发出"各就位！"口令时，第一、二排 12 人向前走到弧形起跑线后，每 2 人一条跑道（前后或左右站立）。吹哨后，第一、二排 12 人迅速跑出，沿自己跑道跑完弯道后抢跑道（跑到第一直曲段分界线），同时第三、四排 12 人走到起跑线后准备，如此循环进行。学生跑到第四直曲段分界线时，沿着跑道上的导向线或标志筒从第 5、6 道跑至终点线。（图 7-11）

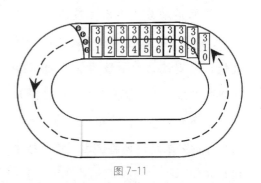

图 7-11

（4）跳绳队形。

各班学生面向田径场成两列横队，左右间隔约 1m，前后错位站，女生站在第 3 道，男生站在第 6 道，完成 30s、20s 快速跳绳或 4～6 组 1min 跳绳。（图 7-12）

图 7-12

建议：各班学生面向田径场成四列横队，左右间隔约 2m，前后错位站（第 1 列和第 3 列、第 2 列和第 4 列前后对正），避免跳绳时打到人。

（5）立定跳远队形。

各班学生面向田径场成两列横队，左右间隔约 1m，前后错位站，女生站在第 3、4 道之间的跑道线后，男生站在第 6 道的外跑道线后，听指令进行练习，立定跳远统一下"预备""跳！"两个指令。学生向前跳一次后，迅速走回起跳线。立定跳远每组 10 次，完成 3～5 组。

（6）下肢力量练习队形。

各班队形同"50m 跑队形"，发令后，学生 6 人一组向前做 20～50m 的连续蛙跳、单脚跳、高抬腿、弓箭步、侧向交叉步或后蹬跑等动作，完成后接到前方队伍后面，等待下一组练习。安排 4 ～ 8 组练习。

（7）排球垫球队形。

各班队形同"立定跳远队形"，人手一个排球，采用自抛自垫、1min 垫球等方式进行练习。

3. 实施要求

（1）正式活动前，教师先在体育课上将每种组织方式、练习内容告诉学生，并进行实践操作演练，让每一个学生做到心中有数。

（2）将 300m 跑道 10 等分，用广告颜料或油漆在场地上做标志，对各班所在活动区域进行分区。

（3）各校根据田径场的大小，酌情安排 8 ～ 16 个班练习。

（4）本活动安排除适用于初三年级学生外，还适用于小学四、五、六年级，初一、初二和高中各年级的学生。

（二）跑道和跑道线（分道线）的运用

1. 多种形式跑

（1）追逐变速跑。

学生按性别或耐力水平分组，男生组利用外侧 5 道或 7 道，女生组利用内侧 1 道或 3 道，组内一路纵队沿逆时针方向慢跑，最后一名学生从右侧快速跑到排头当领跑，在最后一名学生跑到排头后，下一个排最后的学生再开始加速跑出，相互鼓励，共同前进。

（2）蛇形往返跑。

学生成一路纵队，在排头的带领下从百米起点线出发，踩第 1 条分道线（内沿）跑进，到达 50m 或 100m 终点线后沿第 2 条分道线折回，跑到起点线再从第 3 条分道线跑出，依次进行，直到经过最外侧的分道线后折返到第 1 条分道线继续跑进。注意根据学生的年龄大小安排运动量。

（3）贪吃蛇带领跑。

学生平均分成4组，各组排头站在第1、3、5、7条分道线的终点线（作出发线）后，各组其他成员成一路纵队，站在50m或100m起点线（作食物点）后的第2、4、6、8条分道线后。发令后，各组排头快速跑出，到达50m或100m起点线后返回时带领第二人出发，返回出发线后再次跑向食物点带回一人，依次进行，直到将所有队员带回。然后继续跑进，每次到达食物点就下去一人休息，一般从第一人开始下去休息，直到最后一人返回出发线为止。

说明：学校的终点线一般都有一定的缓冲区，终点区域比起点区域的面积要大，所以将终点线作出发线，较为实用与合理。

（4）莱格尔跑。

将100m直道分成20m长的4段，相邻两段之间的线条相距约1m，学生分成4组分别站在各自的分段线上，在篮球体测莱格尔音乐的伴奏下进行20m折返跑。

建议：也可以将直道分成15m一段，安排15m渐进性折返跑练习。

（5）折返跑。

以6条跑道为例，第1至7条分道线分别用1 ~ 7代替。学生成一列横队站在第1条分道线后，发令后，按1—2—1—3—1—4—1—5—1—6—1的顺序跑进，每次用手或脚触及分道线为有效，看谁先完成。

（6）脚步移动练习。

学生在两条相距一定距离的跑道线之间来回进行滑步、交叉步、侧身跑等各种脚步移动练习。

2. 作标志线

（1）作起跑线。

学生成四列横队，站在各分道线后，进行站立式、蹲踞式起跑练习。这既能减少体育教师的工作量，又能增加学生的练习密度。

（2）作折返线。

将各分道线作为折返线，学生进行折返跑练习，发展学生的耐力、速度及反应能力。

（3）作限制线。

利用跑道线进行分区游戏，如"自行车慢骑""搭桥过河"等游戏，要求练习或比赛期间不得串道；也可以将跑道线作侧手翻练习辅助线，要求学生手脚落点都在一条直线上，巩固侧手翻技术动作。

（4）作起跳线。

将跑道线作为起跳线，学生进行立定跳远、立定三级跳远、多级蛙跳等跳跃练习。为了能使学生直观地知道自己的成绩，教师可以在起点线前画若干条不同距离的线条。（图7-13）

图7-13

建议：学生可以选择跑道中各个位置的起点线，进行弓箭步跳、直腿跳、收腹跳、蛙跳等各种跳跃练习。

（5）作投掷线。

将跑道线作为投掷沙包、实心球、垒球、纸飞机等的投掷线，学生向内场或跑道进行投掷。

（6）作灵敏线。

学生面向跑道线站立，两脚依次做上上下下交替跑动练习（图7-14）；也可以左右脚做上上下下跑动，同时身体向左（右）移动，类似于绳梯的交叉分腿横向移动练习（图7-15）。两脚移动频率要快，重心要低，不要踩到跑道线。

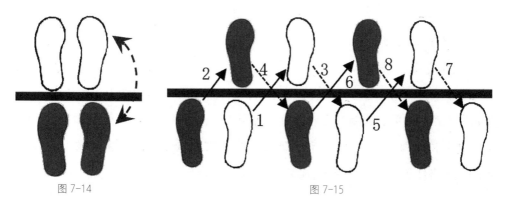

图7-14   图7-15

建议：参考绳梯的练习方法，如转髋横移跳、交叉跳和开合跳、侧交叉步横移等动作。

（7）作柔韧线。

个人赛：把一条跑道线作为直尺，学生进行纵叉或横叉比长游戏，看谁的腿伸得最长。

团队赛：将学生按身高及人数平均分到各组，每组一条跑道线。比赛中，从百米起点线开始依次向终点方向做纵叉或横叉分腿连接，相邻两人的左右脚相抵，全组连成一条线，坚持 5 ~ 15s 为成功，看哪组连接距离最长。（图 7-16）

建议：比赛前一定要安排热身和拉伸练习，防止拉伤；左右相邻两人的脚必须相抵不脱节，否则无效。

（8）作俯撑线。

学生俯撑在跑道上，两手撑在一条分道线上，两脚放在临近分道线前后（根据学生身高来调整），身体横跨跑道，然后沿着跑道线进行左右横向移动。根据学生年龄大小，设置适宜的移动距离，也可以挑战沿跑道移行一圈。（图 7-17）

图 7-16　　　　　　　　　　　　　　　　图 7-17

3. 队列队形练习

（1）立正、稍息。

学生成纵队站在各分道线上，立正时，两脚脚跟踩在分道线上（图 7-18），分道线在两脚中间，也就是左右脚分开等距离（保持两脚尖相距约一脚长）；稍息时，左脚顺脚尖方向伸出，伸出距离约为全脚的三分之二（图 7-19），右脚不动，且身体重心大部分落于右脚，以此来检查学生的动作是否正确。

建议：学生由面对纵向分道线练习调整为面对横向分道线练习（学生的两脚脚尖紧靠分道线后沿），利用不同方向的线条体验立正、稍息的动作要领。（图7-20）

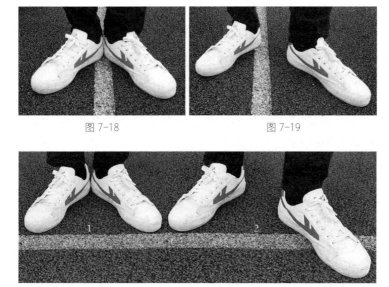

图7-18　　　　　　　　　　　图7-19

图7-20

（2）跨立。

在跨立练习时，总有一些学生分不清左右脚或同时移动两只脚，特别是小学低年级学生。为此，教师可以让学生成四路纵队，站在各自分道线右侧，左脚前脚掌触及分道线（图7-21）。当听到"跨立"时，学生左脚向左跨出约一脚长，左脚移至分道线左侧（图7-22），身体重心落于两脚之间，右脚不动。这样既可以让学生相互监督动作的正确性，也可以让教师一眼就能看出学生的

图7-21

图7-22

动作是否正确。

（3）集合排队。

集合排队是小学一年级学生在体育课中要最先学会的一项技能。在教学中，教师可以利用跑道线作为纵（横）队训练线，设计"找位置"的游戏。在跑道线上按纵队要求的间隔和距离标上记号，如画点、星号等符号，并标上数字，然后学生要观察并记住自己前后的同学和地上的标记或数字，清楚自己在小组的位置和号码，这样排头学生就能够迅速找到自己的位置，其他学生也能迅速找到集合点，从而避免学生出现集合混乱、互相冲撞的现象。如此反复练习几次再进行横队的练习就能水到渠成。

（4）向右（左）看齐。

在进行横队"向右（左）看齐"练习时，学生成四列横队站在分道线上且脚跟碰到线，再向右（左）看齐，然后找一找看齐点的部位（一般临近学生的腮部）。注意在练习时头正、颈直，防止头部前倾、后仰和侧倒，或者是身体倾斜转动。（图7-23）

（5）向前对正。

在进行纵队"向前对正"练习时，学生成多路纵队站在分道线上，分道线在两脚中间，然后抬头看齐。要求学生看前面学生的后颈来体会向前看齐的动作要领。注意在练习时头正、颈直，不转动身体。（图7-24）

图7-23   图7-24

（6）向左（右）转走。

学生成一路纵队，踩着跑道线来回前进，遇到起点线、50m 和 100m 终点线向左（右）转90°走（图7-25）。可以在跑道线上放置平面垫或画若干条横线做转弯标志。

（7）分队走和合队走。

学生成一路纵队，沿跑道正中间分道线行进，当接近标志点（起点线或终点线）时，教师下达"分队——走"的口令后，单数学生左转弯走，双数学生右转弯走，然后各自沿最内侧和最外侧分道线行进；在两路纵队接近标志点，迎面相遇时，教师下达"合队——走"的口令后，左路学生左转弯走，右路学生右转弯走，右路学生依次插在左路学生后面，成一路纵队前进。（图7-26）

（8）裂队走和并队走。

学生成两路纵队，分别站在跑道正中间分道线两侧前进，当接近标志点（起点线或终点线）时，教师下达"裂队——走"的口令后，左路学生左转弯走，右路学生右转弯走，然后各自沿最内侧和最外侧分道线行进；在两路纵队接近标志点，迎面相遇时，教师下达"并队——走"的口令后，左路学生左转弯走，右路学生右转弯走，成并列纵队沿正中间分道线前进。（图7-27）

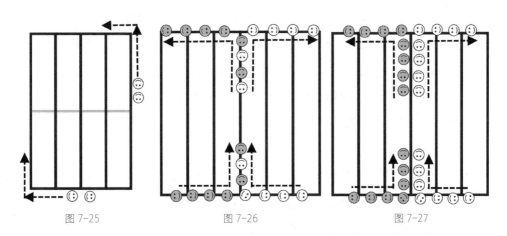

图7-25　　　　　　图7-26　　　　　　图7-27

（三）田径场在耐久跑中的运用

1. 数字马拉松

目的：发展耐久跑能力，培养区域方向感。

准备：田径场，标志筒，1～10 的数字印章，秒表；课前在 10 个标志筒底座标上数字，并挂上数字印章（图 7-28）。

方法：开始前，请 10 个作点标的学生各拿一个对应数字的标志筒和印章，根据点标位置图（图 7-29），站到各自点标位置处，将标志筒和印章放在地上；剩余学生 1～5 人一组作跑点人，各发 1 张"数字马拉松记录表"（图 7-30）站于起点处。发令后，各组按自己的线路顺序依次找到相应的点标并盖章，用时最短且盖完全部印章的组为胜。

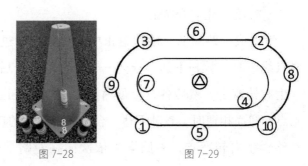

图 7-28　　　　　　　图 7-29

姓名（小组）							性别：男 女		班级	
点标顺序	线路 B						时间：		名次	
	1→	2→	3→	4→	5→	6→	7→	8→	9→	10
打点										

图 7-30

规则：

（1）必须按顺序到达相应的点标，不得错标、漏标、跳标。

（2）作点标的学生必须认真核对，正确就盖上印章，错误则让跑点人继续跑点。

（3）各组（人）独立完成，禁止互相向对方泄露点标位置。

（4）若多人合作，则作点标的学生先用手罩住杯口，等小组人员全部到齐后，再把手拿开让他们看数字。

变通与拓展：

（1）结合田径场的大小合理布置点标，所有点标以让学生能看见为宜。

（2）点标数可根据学生年龄的大小进行增减，一般为 10～20 个。

（3）可让见习生作点标。

（4）在每个点标处增加任务卡，完成相应的任务后方可盖章，任务可以是高抬腿 20 次、立卧撑 10 次、跳绳 30 次等。

（5）根据排列组合原理，尽量设计多条线路，让游戏更加精彩。

2. 胜利向前冲

目的：发展耐久跑能力，培养协作意识。

准备：田径场，秒表。

方法：学生 5 ~ 10 人一组，站在起跑线后。发令后，各组根据事先商定的策略跑进，完成规定的圈数或距离后，以各组最后一名的成绩作为各组比赛成绩，看哪组成绩最好。（图 7-31）

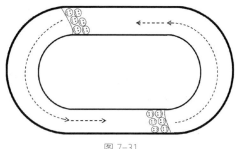

图 7-31

规则：

（1）对本组耐力不好的队员，在安全的前提下，采用陪跑、编队跑或拉、推、背等互助方法。

（2）若组为男女混合，则取各组男女最后一名成绩的总和为各组比赛成绩。

变通与拓展：

（1）可采用同质分组和友伴分组，或者男女生混合分组。

（2）分阶段进行多次比赛，看哪组进步幅度大。

（3）跑步的距离要根据学生的年龄大小和耐力素质合理安排。

（4）为了更好地区分各组，可给各组穿上不同颜色的号码服、佩戴同一区间的号码布或其他易于识别的标志物。

3. 操场寻宝

目的：发展耐久跑能力，培养协作意识。

准备：田径场，标志筒，寻宝路线图（"△"为起终点），长绳，10 种小宝物（如手环、铃铛、帽子、钥匙圈等），每种 10 件，秒表；课前将 10 个标志筒放在相应的位置上。

方法：学生 3 ~ 8 人一组，各组发一张寻宝路线图和一根长绳；各组派一人到其他组当监督员，全程跟跑监督。开始后，各组队员单手持绳，成纵队跑进，根据寻宝顺序到达第 1 个点标，从点标边上领取一件宝物后套在长绳上，然后按顺序到达第 2 个点标，依次进行，以到达所有点标并正确取回宝物用时最短

的组为胜。（图7-32）

规则：

（1）小组中若有一个同伴掉队或松开绳子，须原地停下，重新连好方可继续。

（2）监督员全程跟随小组独立跑进，并负责监督该小组是否违规。

变通与拓展：

（1）标志筒可用塑料瓶、废旧篮排球、点标旗等代替。

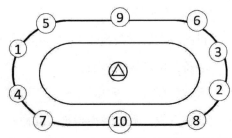

姓名或小组					班级	
线路A		时间：			名次	
序号	1→	2→	3→4	→5→	6→7	→8
点标	**3**	**1**	**8**	**5**	**2**	**4**	**6**	**10**

图7-32

（2）小宝物可用各种颜色的标志碟、绳圈、橡皮筋等代替，也可用一个字或一块拼图代替，完成任务后，使其可以拼成一句话或一幅图。

（3）寻宝路线及点标数视学校场地和学生年龄大小调整，建议总距离：小学800～1500m，初中1500～2500m，高中2500～3000m。

（4）考虑到学生个体差异，设置分层教学，在到达第5个点标时，各组自动设立医疗救助中心，让运动困难的队员脱离队伍，进行原地休息或慢走1～2min后，再自行追上队伍。

4.操场慢跑

目的：发展耐久跑能力，培养和谐的人际关系。

准备：田径场，秒表。

方法：学生5～8人一组，各组推选一人当组长（领跑人），组长站在排头。开始后，各小组在组长的带领下，在规定的范围内，利用学校的地形跑出有创意的路线，跑完规定时间（如3～8min）后回到集合点，看哪组跑得整齐，路线有新意。（图7-33）

规则：跑步中，队伍前后跟紧，不

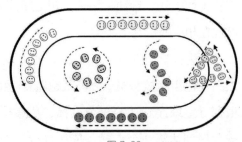

图7-33

得脱节，并注意避让其他组。

变通与拓展：

（1）跑步队形可以是蛇形、方形、圆形、三角形、螺旋形、"8"字形、十字形、半圆形等。

（2）跑步方式可合理利用地形、地物，采用绕、跳、踏、钻、跑等。

（3）为了便于学生及时知道时间进度，教师每分钟和最后30s要报告时间。

（4）为调动小组成员的积极性，大家可轮流当领跑人，每人领跑一段时间，或者指定几人负责领跑。

（5）可用篮球运球代替跑步。

5. 龙的传人

目的：发展耐久跑能力，培养协作意识。

准备：田径场，拔河绳。

方法：全班学生分别站在拔河绳两侧，大家用内侧手扶着拔河绳，前后距离适宜。开始后，大家步调一致，匀速沿跑道跑进，在一个人都不掉队情况下完成规定的圈数或时间即可。（图7-34）

图7-34

规则：跑进中手不能松开拔河绳。

变通与拓展：

（1）全班可分成若干组进行练习，若人数少，可统一站在绳子一侧。

（2）拔河绳可用长绳、跳高横杆或竹竿等代替。

（3）可进行绕障碍物或沿着校园跑。

（4）考虑到学生个体差异，在完成一定圈数或时间后，自动设立医疗救助中心，让运动困难的队员脱离队伍，进行原地休息或慢走1～2min后，再自行追上队伍。

（5）可用篮球运球代替跑步。

6. 贪吃蛇

目的：发展耐久跑能力，培养协作意识。

准备：田径场内的足球场，秒表。

方法：学生平均分成4队，每队选出一个耐力素质好的同学作蛇头，4名蛇头分别站到足球场的四个角（出发地）。每队学生再分成2～3个小组，分别站到两个对角或三个角（蛇头站的角除外）当食物。开始后，蛇头沿足球场边线和球门线做逆时针方向跑进，依次去吃（击掌）本队的食物，被吃的食物立即组成蛇身，并随蛇头跑动，继续去吃食物，依次进行，直到吃完本队全部食物并回到出发地，用时最少的队胜出。（图7-35）

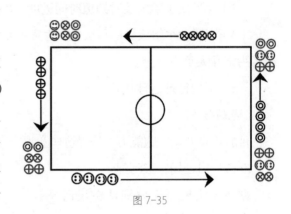

图 7-35

规则：

（1）贪吃蛇必须在线上跑动，不能脱节（前后距离不能大于2m）。

（2）贪吃蛇同一地点只能吃一颗食物。

（3）若有多队重合时不得干扰另一队的活动，若超越须从右侧（外侧）通过。

变通与拓展：

（1）游戏前，让各队自行商量决定奔跑的顺序。

（2）可用跑道、篮球场、相同大小的平地画线或放置标志筒代替足球场。

（3）根据场地的大小、学生的年龄以及班级人数合理调整游戏，如增加食物放置点位。

（4）为防止脱节，可每人腰上系一根跳绳，绳结打在背后，当被吃掉后，被吃队员的两手拉住前面队员身后跳绳的两端。

（四）拓展运用

1. 增加 50m 跑道

50m 跑是中小学生体质健康测试项目之一，也是学校常用的迎面接力跑项目。在设计田径场跑道时，50m 与 100m 一样，都会安排在一侧的直道上，另一侧的直道没有，这样就不能满足日常的教学和测试需要。在另一侧的直道上画两条相距 50m 的横线，就多了一处 50m 跑道，也可用于各种 50m 往返接力比赛。

建议：① 为了对称性和美观性，终点线放在第三直曲段分界线，起点线往第二直曲段分界线方向丈量；② 为了距离精准，使用钢卷尺丈量，在终点线线宽两边贴上胶带，用白色喷漆喷洒均匀。

2. 大课间班级点位

大课间做国颁操或自编操是学校的常态内容，为了使做操队伍整齐有序，可以给每个班级定距定位，一般在第一条跑道线内侧地面上，用白色或黄色油漆喷绘相应数字序号。在跑道上绘制全校升国旗班级点位，如图7-36所示，靠跑道线的数字是做操班级点位，靠内场的数字是升国旗班级点位。

图 7-36

建议：①为了美观性和整齐性，用数字镂空模板来喷绘，效果更好；②可以在内场（人工草坪、塑胶或水泥地）上喷绘大课间学生做操的点位（图7-37）。

3. 增加直道跑道数量

学校在规划设计田径场时，会根

图 7-37

据场地大小定好跑道的数量，一般为 4 ~ 8 条跑道，而在基层中小学的课余体育竞赛中，短距离的分道接力比赛是较为常见的组织方式。年级段班级数较多的学校就要分多组进行比赛，特别是跑道较少的学校，这样既耗时又影响比赛场面的呈现。为此，我们可以在直道内侧增加 2 ~ 6 条跑道，最好铺设成塑胶跑道，这样既保证内场的使用，又满足各种比赛和教学的需求。例如，

某学校塑胶场为半圆式 300m、6 条跑道，在直道内侧增加了 4 条跑道（图 7-38），由原来的 6 条跑道变成 10 条跑道，满足了各种短距离跑的练习与比赛需求。另外，田径场的直道增加了 4 条，也方便体育教师的课堂组织与实施。

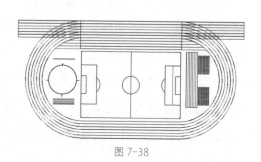

图 7-38

建议：若田径场直道外场有拓展空间，可以在外场地上增加跑道，这样既不影响内场整体效果，又增加了田径场面积。

4. 百米定向

利用田径场跑道和内场开展校园百米定向运动，根据定向技术原理、定向比赛规则和点标线路设计（图 7-39），用若干三角旗、隔离带和标志筒等进行人工布景，形成人工定向运动场地，然后组织田径场百米定向（图 7-40），发展学生的识图能力和奔跑能力。

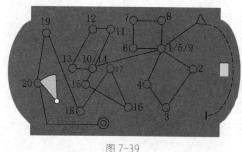

图 7-39

图 7-40

建议：百米定向比赛路线一般为 10 ~ 50m，设 10 ~ 30 个点标。

5. 多彩跑道

为了给学生一个多彩世界，让学生
享受多彩的人生，学校可以建造红、黄、
蓝、绿等多种颜色的跑道（图7-41），
这样既符合学生身心特点，又能美化
校园、吸引眼球，还能避免个别学生
跑错跑道。

图 7-41

6. 田径场内场的开发与利用

田径场内场由两个半圆场地和中间的一个长方形场地组成，两个半圆场地基
本上没有设置场地用线或一个半圆内设置铅球场，长方形场地一般设为足球场较
多。我们可以结合学校的实际情况，科学合理地利用田径场内场，让它的功能最
大化，更好地服务于体育教学。

（1）圆圈。

利用半圆场地设计并绘制圆圈，既可用于弯道教学或圆圈十字接力跑，也可
用于圆圈队形的授课，还可以作为游戏的限制区域等。

（2）篮球场（排球场、羽毛球场）。

根据学校规模及教学需要，可以在半圆场地或长方形场地设计并绘制篮球场、
排球场、羽毛球场等场地，并安装相应的球场器械，满足篮球、排球、羽毛球的
教学和练习需要。（图7-42、图7-43）

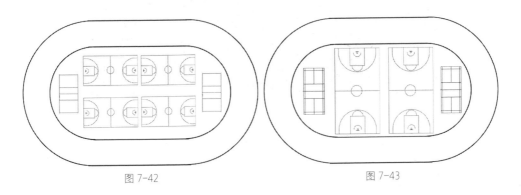

图 7-42   图 7-43

（3）小型足球场。

由于学校足球场大且唯一，难以满足日常的足球教学与比赛的全部需要，使用率不高，容易导致场地资源的浪费。对此，可将大球场小型化，使球场数量"一变多"，如小学生300m环形跑道，内场会有一个宽约40m、长约72m的七人制足球场，其完全可以变为3个五人制足球场（图7-44）。

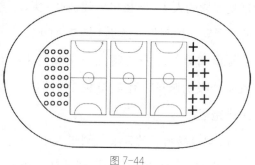

图 7-44

（4）体能练习场地。

利用半圆场地设计并绘制绳梯、立定跳远、圆圈跳跃、多点（线）移动等练习线条或图案，学生在相应场地进行练习。

（5）趣味游戏场。

在田径场半圆场地用粉笔、广告颜料、油漆等画出各种趣味体育游戏的场地图，辅助体育课堂教学。具体可参考本书"地面体育游戏图形设计"中的内容。例如，剪刀石头布图形（图7-45）、十字象形跳图形（图7-46）等。

图 7-45

图 7-46

八、体育馆和风雨操场在体育教学中的运用

学校体育馆是学生进行体育竞赛、锻炼、文娱、集会等活动的室内场所。场馆内部按照篮球场要求进行建造，四周大都设有体操室、乒乓球室、健身房、器材室等功能室。也有些学校的体育馆和学校食堂共用一幢，一般建在最顶层。

风雨操场，顾名思义就是能遮风挡雨的运动操场，是功能和设施相对简单的中小型体育建筑。风雨操场与体育馆的区别在于风雨操场功能简单，体育馆各项功能齐全，设施相对完善。按照围护结构，风雨操场可分为敞开式（图8-1）和封闭式（图8-2），其应用等同于室外场地。

（一）万能体育教学场地

体育馆和风雨操场内场地基本上都是按照标准的篮球场进行建造的，而一个篮球场的面积，一般情况下，可以满足一个教学班的教学需求，如开展篮球、排球、足球、体操、武术、田径、健美操、羽毛球、乒乓球等项目的教学。正是因为其教学限制小，加上基本上不受天气的影响，当前体育的优质课、公开课、示范课、观摩课等教学活动大多安排在体育馆或封闭的风雨操场内进行。为此，体育馆和风雨操场在学校体育领域中可以名副其实地称为"万能体育教学场地"。

图8-1　　　　　　　　　　　　　　　图8-2

（二）体育馆和风雨操场的地面在体育游戏中的运用

体育馆的地面一般是木质地板，有些学校也会使用地胶地面。风雨操场的地面大都是水泥或橡胶铺就，也有实木地板。教师可以根据不同材质的地面组织学生进行不同的游戏。

1. 滑旱冰

学生两脚平行站立，与肩同宽，脚底各踩一块毛巾，两脚交替向前移动，锻炼下肢和核心力量，发展身体协调性，体验旱冰的技术动作。（图8-3）

图8-3

2. 滑板

方法一：学生一人一块小体操垫，俯卧在垫子上，两手贴地，借助两手向后扒地的力量使垫子移行一定距离。（图8-4）

方法二：学生仰卧在垫子上，借助两脚蹬地力量使垫子向前滑行。（图8-5）

图8-4

图8-5

3. 拉小车

方法一：学生两人一组，一人背对（图8-6）或者面对（图8-7）拖拉者坐在小体操垫上，拖拉者拉着垫子向前拖行一段距离。

方法二：学生两人一组，辅助者坐在小体操垫上，练习者在后面推着垫子向前移动一段距离。（图8-8）

4.擦地板

学生俯身在木地板上，两手撑在一条对折的毛巾上，然后两脚交替跑动，推着毛巾向前滑行，要求两手不离地（毛巾），看谁滑得快。（图8-9）

图8-6

图8-7

图8-8

图8-9

5.小飞毯

在木地板或光滑地面上，每人一块小体操垫，打开垫子，学生站（图8-10）或跪（图8-11）在半块垫子上，两手抓握另半块垫子边沿（面对抓握垫子）。发令后，学生利用向前上方跳起的腾空时间，将垫子向前移动，并落回垫子上，如此反复做跳移动作，最先到达终点者为胜。

建议：学生站在半块垫子上，身体侧对另半块垫子并单手抓握垫子，然后进行侧向移动。（图8-12）

图 8-10 　　　　　　　 图 8-11 　　　　　　　 图 8-12

6. 骑马击靶

在木地板或光滑地面上，画两条相距 5 ~ 12m 的平行线作起点线，将一个标志筒放在两条线中间，取一个篮球放在标志筒上面；两人一组，一人一垫（作马）一体操棒（作矛），每人跪在打开的垫子上，一手扶垫、一手持体操棒在起点线后准备。发令后，两人抓垫向前方标志筒做跪跳移动，看谁先用体操棒将标志筒上的篮球击落。（图 8-13）

图 8-13

建议：可以组织组间的对抗积分赛，每次每组派一人比赛，胜者得 1 分，直到全组比赛结束，最后积分多的组胜出。

7. 骑马追击

在木地板或光滑地面上，甲、乙、丙三人一组，每人一垫一软棒，跪在打开的垫子上，一手扶垫、一手持软棒准备。开始后，三人抓垫向自己追击的目标跪跳移动，同时，要躲避追击自己的队员。追击关系为甲追乙、乙追丙、丙追甲。先用软棒击中目标人躯干部位者为胜。（图 8-14）

建议：① 人数可以增加至 4 ~ 8 人，但必须每人都有追击和被追击的关系；② 可以不指定追击对象，自由追击，规定时间内看谁"存活"下来；③ 可以用

充气锤或泡沫锤代替软棒，好玩又解压。（图 8-15）

图 8-14 　　　　　　　　　　　　　　　 图 8-15

（三）VR（虚拟现实）游戏场地

随着科技的发展，VR 技术正逐渐走进并融入我们的日常生活，其中 VR 游戏的出现，使健身更有趣。若中小学体育教学中适宜地选择一些 VR 体能类游戏，则既能提高学生的身体素质，又能借助高科技激发学生的练习兴趣。VR 游戏种类繁多，如跑跳类（图 8-16、图 8-17）、拳击类、动作类、篮球类（图 8-18）、网球类、足球类等。我们可以利用体育馆或风雨操场的多媒体设备，对录制的 VR 游戏进行投屏，然后让学生跟着做相应动作从而达到锻炼的目的。体育馆或风雨操场内若有 LED 显示大屏则更容易吸引学生眼球，加上场馆的面积较大，基本上能满足 VR 游戏对场地的需求，学生既可以做原地练习，也能做一些小范围的移动练习。

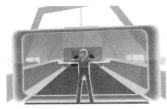  

图 8-16 　　　　　　　　　 图 8-17 　　　　　　　　　 图 8-18

九、篮球场在体育教学中的运用

篮球场分为室内篮球场和室外篮球场，标准的篮球场长 28m、宽 15m。根据篮球场多线、多角、多圆的特点，如能在体育教学中灵活巧妙地对篮球场进行运用，相信会带来更多的教学方法，更好地提高教学效果。

（一）万能体育教学场地

篮球场由篮球架、篮筐、场地线等几部分组成，由于篮球场面积相对较大，可用于进行日常体育教学、大课间活动、课外活动、素质练习和专项练习等。一个篮球场的面积，一般情况下，可以满足一个教学班的教学需求，如开展篮球、排球、足球、体操、武术、田径、健美操、羽毛球、乒乓球等项目的教学。为此，篮球场也被誉为"万能体育教学场地"。

（二）在篮球技术教学中的运用

利用篮球场各种线条进行多样的运球技术练习，可以激发学生的练习兴趣，提高学生的控球能力。

1. 直线运球

为了让学生直观地体验篮球直线运球的技术动作，教师可让学生沿直线进行运球练习。以左手运球为例，要求学生在线上走，球的落点在线的左侧（图9-1）；也可以球在线上运，学生在线的右侧走（图9-2），规定次数后，左右手轮换练习。

2. 移动练习

利用篮球场限制区（三秒区）的边线或端线至罚球线（延长至两端）进行步伐移动练习，如滑步、变速跑、侧身跑、后退跑、跨步急停等移动练习。

3. 急停急起

利用篮球场的端线、罚球线（延长至两端）、中线进行半场或全场的急起急停练习。学生成一列横队站在端线上准备。教师吹哨后，学生先急起，前进到罚

图 9-1　　　　　　　　　　　　　　　　图 9-2

球线（延长至两端）做急停动作，要求一只脚必须踩线。听到第二次哨声时，立即急起前进到中线，依次进行。

　　建议：① 采用循序渐进的练习方式，先进行徒手练习，再进行持球练习，最后进行运球练习；② 可以在各条线上放置标志筒，学生推倒、立起标志筒进行降重心练习，提高运球急起急停的基本技术。

　　4. 沿线运球

　　利用篮球场的边线、中线、端线、三分线、中圈等线条，进行体前换手运球、背后运球、胯下运球、转身运球等各种方式的原地或行进间运球练习。

　　5. 影子运球

　　学生两人一组，分别站在线条两侧，一人持球沿线向前运球，通过急起、急停等动作摆脱另一人（影子），完成规定练习时间后，两人交换角色。

　　6. 组合运球

　　练习一：用篮球场上边线与端线相交的 4 个直角或中线与边线组成的直角，做直线运球 + 拉球转身运球练习。

　　练习二：用篮球场上两个罚球半圆和中圈做 "0" 字运球练习（图 9-3）；用合理冲撞区域、罚球弧、中圈做连续 "8" 字运球练习（图 9-4）。

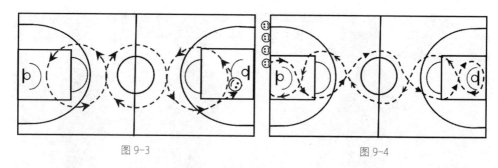

图 9-3　　　　　　　　　　　　　　　图 9-4

练习三：用端线和三分线的组合图形做直线＋弧线运球练习。

练习四：中圈运球上篮。学生每人一球，平均分成两组，分别站在离中圈约 2m 的中线上。开始后，每组每人轮流出发（当上一人到达三分线时，下一人出发），先用左手沿顺时针方向运球，经过半圆后换右手运球，接着沿前场罚球弧右边运球上篮，投篮后无论是否投中，都要自己抢球从场外运球到对面另一组后面排队，准备下一次练习。（图 9-5）

拓展：

（1）左侧上篮：若在左侧上篮，则沿中圈做逆时针方向运球。

（2）传切配合：在罚球线外侧的三分线边站一位传球队员，练习者完成半圆运球后跑入前场时传球给传球队员，然后跑到罚球线外侧适宜处接传球队员传回的球上篮，再抢篮板球从场外运球，接到另一组队伍后面。（图 9-6）

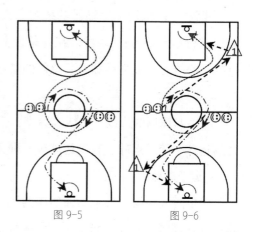

图 9-5　　　　　　图 9-6

7. 罚球弧运球上篮

学生排成纵队，站在罚球区左边第一分位点处，每组每人轮流出发（当上一人到达罚球区右边时，下一人出发），每人先沿着罚球弧用右手运球上篮，熟练后换左手运球上篮。（图 9-7）

图 9-7

8. 三分线运球上篮

学生站在三分线与端线交叉点，沿三分线运球至罚球线右侧切入上篮，练习若干次后左右手轮换。（图9-8）

图9-8

9. 圆圈运球追击

学生2～4人一组，分别均等站在中圈或罚球圈上，听到哨声后，学生沿线做逆（顺）时针运球，努力去追击拍打前面同伴的背部。当听到第二次哨声后，学生立即急停并反方向运球追击前面的同伴。如此反复变换方向运球，看谁拍到前面同伴的次数多。（图9-9）

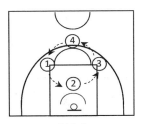

图9-9

10. 移动盯人防守

学生10人一组，其中5人为进攻队员，站在离罚球圈或中圈外一定距离处的点位上做原地运球；另5人为防守队员，均等站在罚球圈或中圈上。开始后，5名防守队员围罚球圈或中圈慢跑，听到哨声后，立即跑向离自己最近的进攻队员前做防守动作；再次哨响时，防守队员返回罚球圈或中圈继续慢跑。如此反复练习若干次后，双方交换角色继续游戏。（图9-10）

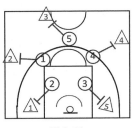

图9-10

建议：①慢跑中听到哨声后，要立即找到离自己最近的进攻队员，而不是跑向远端进攻队员；②必须一名防守队员配对一名进攻队员，不能出现一对多的组合；③防守队员靠近进攻队员后要不断做原地小碎步，并张开手臂，做好横向防守动作。

11. 三分线运球竞速

两组对抗（每组4～8人），分别站在三分线与端线交叉点后，排头持球准备。发令后，每组每人轮流出发，沿三分线向前运球，相遇后转身运球返回，将球交给下一人，直到最后一人运球前进，遇到另一组的最后一人（如果遇到的不是对方最后一人，则本组胜），抢占的运球线路长的组为胜（图9-11）。

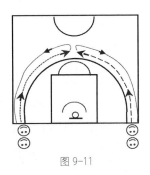

图9-11

建议：学生在相遇时要注意运用运球急停技术。

12. 传运投组合练习

学生 4～8 人一组，站在限制区外的端线处，第一人沿限制区边线跑（滑步或侧身跑）到罚球线交叉点时，第二人将篮球传给第一人，第一人接球后沿罚球线向前运球到右边适宜处，进行原地或行进间投篮，投篮后无论是否投中，都要自己抢球到场外排队，准备下一次练习。（图9-12）

建议：同样方法，可以利用三分线进行传运投组合练习，增加运球距离和投篮线路。（图9-13）

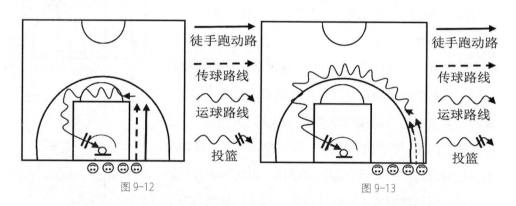

图9-12   图9-13

13. 投篮打卡

在篮球场限制区两侧均有 4 条长 10cm、垂直于限制区边线的分位线，由一侧 4 条分位线、罚球线与限制区交叉的直角、罚球线中点位置组成 6 个点位。由近到远分别标注为①②③④⑤⑥（图9-14）。学生两人或多人依次进行打半圈投篮，从①点投篮，进球则站到②点（下一点）投篮，依次进行，直到完成⑥点投篮，未投进则换下一人投篮，最先完成者为胜。

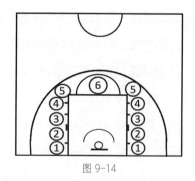

图9-14

建议：① 打一圈，可以增加限制区另一边 5 个点，共变成 11 点投篮，先投完一圈者为胜；② 打半圈或打一圈后，再打三分球 1 次（站在三分线后任意位置投篮），先走完半圈或一圈 + 三分球者为胜。

14. 全场三圆运球 + 传接掩护上篮

甲、乙两人一组，各站在三分线和端线交点处（甲持球），两人同时（甲运球）起动后，在罚球半圆顶附近，甲把球传给插上的乙，乙向前运球，绕过中圈再传球给跟进插上的甲，甲运球上篮，乙抢后再绕罚球半圆运球返回，返回方法同前。（图 9-15）

图 9-15

建议：该练习包括运球、传球、掩护配合的综合技术，适合有一定篮球基础的学生练习。

15. 一分钟跑篮

学生手持一球，站在篮球场端线外，做好起跑准备。发令后，迅速开始边跑边运球到达对面篮下投篮，投中后运球至另一侧（出发一侧的篮筐），如此反复做往返运球上篮，直到一分钟时间到，看谁投进次数多。该练习可以提高学生运球和行进间投篮技术，发展学生的耐力素质（图 9-16）。

图 9-16

规则：

（1）若没投中篮圈，则要自抢篮板球补投，直到投中为止。

（2）运球时不得出现走步、滚球跑、推球跑等违例行为。

（三）在足球技术教学中的运用

1. 直线运球

学生分别站在篮球场两条边线两端，然后沿边线做脚内侧或脚背正面运球，

将足球从一端运到另一端。也可以两端同时开始，学生分别在边线内侧和外侧运球，发展直线运球能力。（图9-17）

2. 圆圈运球

以篮球场中圈为标志，学生用脚背外侧或脚背内侧做圆形运球练习（图9-18），也可以沿着三分线运球。

3. 组合运球

练习一：用篮球场上边线与端线相交的4个直角或中线与边线组成的直角，做直线运球＋拉球转身运球练习。（图9-19）

练习二：用篮球场上两个罚球半圆和中圈做"8"字运球练习。

练习三：用端线和三分线的组合图形做直线＋弧线运球练习。（图9-20）

4. 传、接球练习

利用篮球场的边线、端线、中线、罚球线及延长线，任意选择两条平行线进行面对面的传、接球练习，也可从端线直线运球到罚球线再向对面传球。

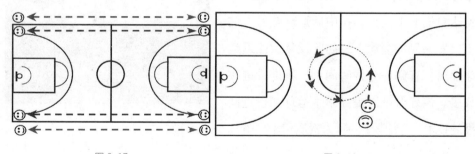

图9-17　　　　　　　　　　　　　　　　图9-18

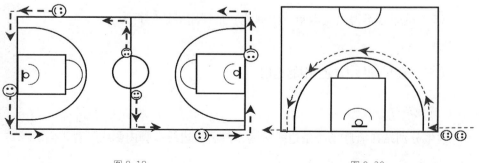

图9-19　　　　　　　　　　　　　　　　图9-20

5.定点吊球

学生从端线两侧直角或中圈处向罚球区或限制区进行吊球练习，提高吊球的准确性。

6.踢球打靶

在限制区和端线交叉的2个点摆放标志筒作为球门，将篮球架立柱作为靶心。学生站在罚球线外进行踢球打靶，踢中篮球架立柱得2分，球进两个标志筒之间的球门得1分，未进球门不得分。可进行个人赛或团队赛，每人若干次，最后累计得分多者为胜。（图9-21）

图9-21

7.运球接力

利用篮球场的两条边线或端线，做各种运球接力。

8.运球大战

在中线与边线相接组成的4个直角内侧约1m处各放置1个标志筒，将若干个足球（数量与学生人数相同）放在中圈，学生平均分成4组，分别站在篮球场4个角外侧准备。发令后，每组每人轮流出发，先跑到中圈用脚取球，然后沿本方中线和边线运球返回起点（须从中线和边线交叉处的标志筒外面绕过），和下一人击掌，下一人出发，依次进行接力，直到最后一人运球返回起点为结束，看哪组最先完成。（图9-22）

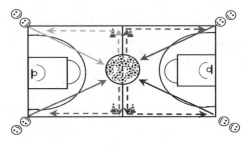

图9-22

拓展：

（1）可以斜线跑出，再原路运球返回。

（2）可以在返回路线上设置若干个标志筒，让学生运球"S"形绕过。

（3）同样方法，由运球改为取物接力比赛。

9. 端线足球赛

将篮球场作为足球场，篮球场两边端线分别作为双方的足球门，不设守门员，只要足球越过对方的端线即进球，每进一个球得 1 分，根据学生的年龄及能力可安排三对三、四对四、五对五、六对六等足球比赛，也可以组织男女混合比赛。将整条端线作为足球门，极大地提升了进球的次数，可让更多的学生体验到射门的成功和快乐。

（四）在田径教学中的运用

1. 作起跑线

利用篮球场的端（边）线进行起跑练习，改变教学和训练中起跑只在跑道上进行的单一、枯燥环境，提高学生的练习兴趣和起跑动作质量。（图 9-23）

2. 作折返线

利用篮球场的端线作为折返线，进行折返跑练习，发展学生的耐力、速度及反应能力。（图 9-24）

图 9-23　　　　　　　　　　　　　　　图 9-24

3. 作投掷线

利用篮球场的端线作为前抛实心球的投掷线，边线上标好刻度，直接读取自

己的成绩，简单有效，无须丈量。在有标准刻度的情况下，可激发学生前抛实心球的练习兴趣。（图9-25）

4. 作起跳线

利用篮球场的各种线作为立定跳远的起跳线，在地面画好刻度，进行立定跳远练习。（图9-26）

图9-25　　　　　　　　　　　　　　　　图9-26

5. 加速跑练习

利用篮球场的长度进行30m加速跑练习，两侧端线外要有适当的缓冲区，确保学生有足够的缓冲距离，若无缓冲区可以变成25 ～ 28m的加速跑练习。

6. 冲刺跑练习

利用篮球场的中线、端线、边线作为终点线，要求学生在冲过终点线的瞬间做压线或撞线动作。

7. 变速跑练习

利用篮球场的边线、端线做28m加速跑、15m慢跑的绕场循环变速跑练习，也可以将三分线作为慢跑线。教师可根据课的目标和学生的年龄大小安排练习圈数和组数。

8. 沿线耐久跑练习

利用篮球场的线、圆、弧进行踩线跑，全班成一路纵队慢跑，可沿边线—三分线—另一侧边线—中线—中圈（跑半圈）—中线—边线—另一侧三分线—另一侧边线进行循环跑。根据学生的年龄大小合理安排 4 ~ 10min 的耐久跑。也可以让学生带领跑，自行设计跑步路线；还可以全班分成若干组，沿线自主跑。

建议：① 可以增加全场或半场的对角线，让线路变得更加丰富；② 跑步中，教师可以采用告知或问答的形式，让学生了解篮球场的各种线条的名称。

9. 助跑起跳练习

利用三分线的弧度做背越式跳高的助跑起跳模仿练习，也可以将跳高架和海绵包放在三分线外侧进行辅助练习。

10. 纠正出手角度

在两个篮圈或篮球架立柱之间拉一根横绳，并根据学生的身高调整适宜的高度，学生站在边线后进行掷物过绳练习，纠正出手角度，如掷软式实心球、沙包、垒球或羽毛球等物。

11. 步频练习

学生面向篮球场边线、中线或端线站立，两脚依次做上上下下交替跑动练习（图9-27）；也可以左右脚做上上下下跑动，同时身体向左（右）移动，类似于绳梯的交叉分腿横向移动练习（图9-28）。两脚移动频率要快，重心要低，不要踩到线。

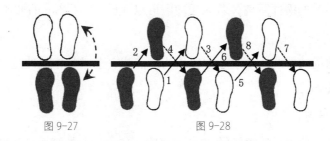

图 9-27　　　　　　　　图 9-28

建议：可以参考绳梯的练习方法，如转髋横移跳、交叉和开合跳、侧交叉步横移等。

12. 弯道跑练习

利用篮球场的三分线、中圈、罚球弧进行弯道跑练习，让篮球场作为田径场上的弯道，让弯道跑技术教学又增添一个好的练习场地。

（1）妙用三分线。

学生分成若干组，分别站在各自半场的三分线后，然后沿三分线的弧线进行弯道跑练习。（图9-29）

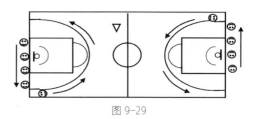

图 9-29

（2）妙用罚球半圆和中圈。

在分组教学时，教师在哪组发现错误动作，可以及时将这组学生集中在中圈或罚球半圆上，进行指导及错误动作纠正。（图9-30）

图 9-30

（3）妙用整个场地。

用粉笔或胶带以篮球场中线和边线的交叉点为圆心，画一段半径为15m的弧线，作为一个标准的弯道线，学生进行模拟弯道跑练习，教师可同时对学生的技术动作进行观察与指导。（图9-31）

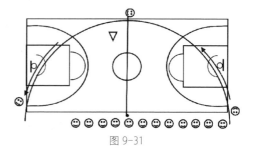

图 9-31

（五）在队列队形练习中的运用

1. 绕场行进

口令："绕场——走！"

学生成一路纵队，踩着篮球场的半场沿逆时针方向行进，每到一角自动左转弯继续前进。（图9-32）

2. 相遇错开行进

口令："从右（左）边——走"或"靠右（左）走！"

当两路纵队踩线行进迎面相遇时，各靠右（左）边走时，彼此互错右（左）肩，间隔为一拳。（图9-33）

建议：也可以下口令"从里（外）边——走！"，基准学生带领其他学生从里（外）边通过。

3.对角线行进

口令："沿对角线——走！"

学生成一路纵队前进，当走近一角时，听到口令后，由一角转弯后向相对的一角行进，到达顶点自动转弯，沿边线行进。（图9-34）

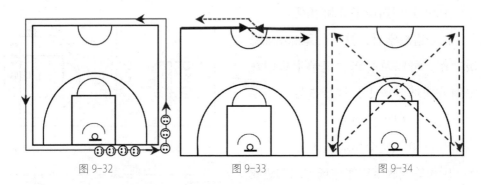

图9-32　　　　　　图9-33　　　　　　图9-34

4.交叉行进

口令："交叉——走！"

学生成两路纵队分别沿两条边线向中线方向行进，当接近中线时，听到口令后，左路学生右转弯135°，右路学生左转弯135°，各自沿对角线行进，至中心点相交时，左先、右后，依次交叉通过。（图9-35）

5.三角形行进

口令："成三角形——走！"

利用篮球场的线、角、交叉点组成各种大小不同的三角形。当排头沿线走至某一角时，教师下达口令。听到口令后，排头开始并带领其他学生依次左转弯向第二个角（交叉点）行进，接着再左转弯向第三个角行进并成三角形行进。（图9-36）

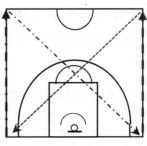

图9-35

图9-36

6.蛇形行进

口令："成蛇形——走！"

学生成一路纵队，踩着中线前进，当走到中线和边线相交点时，排头左（右）

后转弯，走至另一侧的中线和边线相交点后，再右（左）后转弯走，来回行进若干次（图9-37）。也可以沿球场端线—边线—罚球线（延长线）—边线—中线—边线—罚球线（延长线）—边线—端线进行蛇形走。（图9-38）

7. 圆形行进

口令："成圆形——走！"

排头带领沿中圈行进，自动调整步幅，至队伍首尾相接后按圆形行进。（图9-39）

8. "8"字形行进

口令："成'8'字形——走！"

利用篮球场中圈和罚球弧，学生成一路纵队按"8"字形沿两个圆行进，当队伍相交时，依次穿插通过。（图9-40）

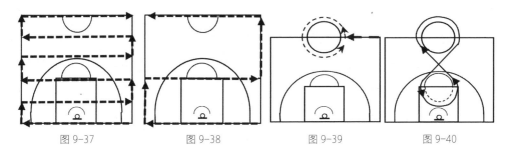

图9-37　　　　　图9-38　　　　　图9-39　　　　　图9-40

9. 转弯走

口令："向左（右）转——走！"

学生成一路纵队，踩着篮球场的边线、中线、端线来回前进，遇到直角时，做向右（左）转走。（图9-41）

图9-41

10. 分队走和合队走

口令："分队——走！""合队——走！"

学生成一路纵队沿中线行进，当走到中线和边线相交点时，教师下达"分队——走"的口令后，单数学生左转弯走，双数学生右转弯走，然后沿各自半场的边线—端线—边线行进，在两路纵队接近中线和边线相交点迎面相遇时，教师下达"合队——走"的口令后，左路学生左转弯走，右路学生右转弯走，右路学

生依次插在左路学生后面，成一路纵
队前进（图9-42）。

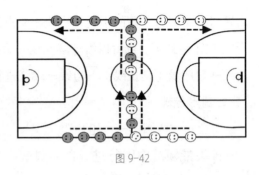

图 9-42

建议：学生可以成两路纵队，面对
面分别站在边线中间点的两侧，然后
相向行进到中线和边线相交点时，左
路学生左转弯走，右路学生右转弯走，
右路学生依次插在左路学生后面，成
一路纵队前进。

11. 裂队走和并队走

口令："裂队——走！""并队——走！"

学生成两路纵队，分别站在中线两侧，向一侧边线前进，当接近中线与边线

相交点时，教师下达"裂队——走"
的口令后，左路学生左转弯走，右路
学生右转弯走，然后沿各自半场的边
线—端线—边线行进，在两路纵队接
近中线和边线相交点迎面相遇时，教
师下达"并队——走"的口令后，左
路学生左转弯走，右路学生右转弯走，
成并列纵队沿中线前进。（图9-43）

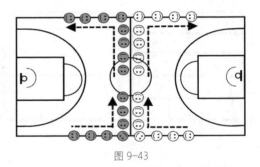

图 9-43

（六）在体能练习中的运用

1. 沿线慢跑

在篮球场上课时，教师可带学生沿篮球场的线慢跑，同时可以认识场地内各
种线，在热身的同时熟悉场地。

2. 沿线单、双脚跳

利用篮球场的边线、中线或端线进行单（双）脚前后（左右）跳练习。根据
年级段不同分成不同组别，小学生可在半场进行练习，中学生可在全场进行练习。

3. 沿线俯撑移行

学生手脚撑地，沿着篮球场的边线和端线进行横向或纵向移动。根据年级段不同分成不同组别，小学生可在半场进行练习，中学生可在全场进行练习。

4. 限距立定跳远

从篮球场一条边线开始，学生采用立定跳远或连续蛙跳动作进行跳跃，看谁能用最少的次数跳过另一条边线。

5. 侧手翻限制线

利用篮球场的边线做侧手翻练习，要求学生手脚落点都在一条直线上，巩固侧手翻技术动作。

（七）在体育游戏中的运用

1. 折返跑

利用篮球场的端线、罚球线（延长线）、中线作为起始线和折返线，进行折返跑练习。例如，学生从①跑到②（以手或脚触线为有效），再从②返回①，再从①跑到③……，直至跑到⑤后返回①，可安排个人赛或团队接力赛，看谁用时最少。（图9-44）

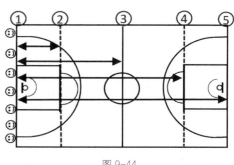

图 9-44

建议：可以用罚球线（延长线）或中线为起始线，也可以根据需要增加若干条横线，如在三分线弧顶和中圈两侧弧顶，画出与中线平行的线条作折返线。

2. 定时折返跑接力

甲、乙两人一组站在中线，甲手持一球准备。发令后，甲运球跑向一边端线，然后用球触及端线后返回中线，将球交给乙，接着甲继续跑向另一边端线，用手碰触端线后返回中线，并用与乙击掌或拍球的方式进行交接。交接后，乙以同样方法进行来回折返跑，依次进行接力，在规定的 2 ~ 5min 内，看哪组接力的次数多。

建议：① 可以 3 人以上依次进行接力；② 第一人出发，先运球后徒手跑，可以调整为先徒手跑后运球；③ 可以利用两条边线、端线进行来回移动练习，两次移动方向都一样；④ 同样方法，可以用于足球运球 + 移动、排球垫球 + 移动练习；⑤ 可以设计成哪组先完成规定的交接次数哪组为胜。

3. 猜拳跳

学生两人一组站在一条边线上，每次石头剪刀布胜者向前双脚跳一次，如此反复进行，先跳过对面边线者为胜。

建议：① 双脚跳可以改为跨步跳或单脚跳；② 当决出胜负时，可以安排负者将胜者背回起点线。

4. 耐力大冲关

学生成一列横队站在篮球场一侧边线（起点线）。播放莱格尔音乐，听到"嘟"时开始跑向对面边线（折返线），在下一次"嘟"时必须踩到线，并跑回起点线。如此有节奏地折返跑，每跑一趟为成功挑战 1 关，可根据学生的实际情况进行难度设置。看谁坚持到最后，直至挑战成功。（图 9-45）

规则：每次"嘟"时必须踩到线。

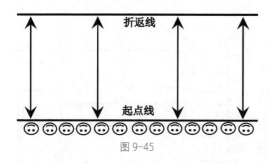

图 9-45

5. 迷你定向

准备：篮球场、定向图、三角旗、标志杆、塑料杯、数字印章和过关章，课前用三角旗和标志筒按要求布置场地，在 20 个杯子内底各贴上数字 1 ~ 20，然后根据点标布置图（图 9-46），将印章和杯子放到对应的点标上。

方法：全班集合在场地边上的起（终）点处，教师讲解方法后，安排两名学生在起（终）点处作检验员，其余每人 1 张"迷你定向记录表"（图 9-47）。发令后，每

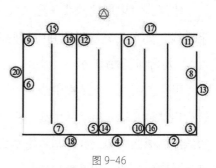

图 9-46

注：实线表示障碍，不得通过。

人按自己的线路顺序依次找
到相应的点标（自行查看杯子
底部的数字）。若对就将杯子
边的数字印章盖在打点处，然
后跑到检验员处盖上过关章
为一次有效找点；若不对则继
续去找点。依次进行，以完
成所有点标用时最少者为胜。
（图 9-48）

姓名（小组）					性别：男 女		班级	
点标	线路 B				时间：		名次	
顺序	1 → 2 → 3 → 4 → 5 → 6 → 7 → 8 → 9 → 10							
打点								

图 9-47

图 9-48

规则：

（1）"△" 为起（终）点。

（2）在正常的通道内奔跑，绕过三角旗或障碍物，不得跨越、钻爬。

（3）点标在线边，不能伸手跨越线取章，必须在同侧进行看点和打卡。

6.猜拳竞速

全体学生站在一条边线上，每人 5 张扑克牌。开始后，随机找一人猜拳，负
者给胜者 1 张扑克牌，胜者拿到牌后迅速跑向对面的边线，继续找人猜拳。负者
则在原地找人继续猜拳，如此反复进行，累计得到 15 张扑克牌者胜出。（图 9-49）

规则：

（1）每次猜拳，胜者跑，负者留在原地。

（2）若有人输光扑克牌，须到主持人处做完指定的体能项目（如俯卧撑
10 个、蹲起 10 个、垫球 20 次等），再领取 5 张扑克牌继续游戏。

（3）公平竞争，诚信至上。

拓展：也可以变成负者跑到对面的边线和另外一人猜拳。

7.抢沙包

学生分成人数相等的 A、B 两组，每组 5 ~ 10 人，分别站在本方场地内。
开始后，双方队员想方设法去抢对方的沙包，每人每次只能抢一个沙包，在规
定时间内看哪组抢到的沙包最多。（图 9-50）

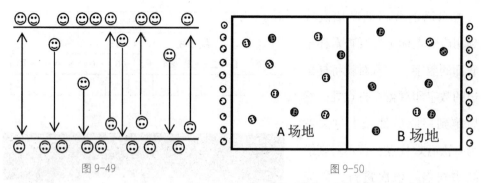

图 9-49　　　　　　　　　　图 9-50

注：☺为 A 队员，●为 B 队员，☊为沙包。

规则：

（1）任何人脚不能出场地。

（2）抢沙包的过程中可以阻止对方队员进入自己的场地，抢到沙包以后不允许再争夺。

8.躲避球

选取篮球场半场，三分线内为防守区，其余为进攻区；学生平均分成两组，每组约 10 人。进攻组持两个排球或荞麦沙包站在进攻区，防守组全员站在防守区，进攻队员通过砸防守队员下肢的方式进行攻击，被砸中者退出游戏区完成相应的体能练习后返回防守区继续游戏，规定时间后两队交换攻守角色，继续游戏。最后，以砸到对方人数多的组为胜。

规则：

（1）防守区内的人员不能持球攻击。

（2）进攻队员只能攻击防守队员大腿及以下部位。

（八）拓展运用

1.小型足球场

利用篮球场作为小型足球场，场地端线摆放标志筒作为球门，进行三对三或五对五的小型足球赛，既能增加足球场个数，也能满足足球课堂教学需要。

2. 多功能球场

篮球场面积大，基本上能满足其他球类活动。在篮球场中间放置球网或拉线作网，可作为各种球类运动的临时教学、练习场地。

3. 多功能游戏场

在场地内放置各种游戏道具，可作为各种游戏的活动场地，适合人数多、活动范围小的游戏，如定向投篮、跳绳、十字跳、夹弹珠、吹乒乓球等游戏。

4. 固定柱

将篮球架立柱或篮圈作为固定物，用来固定弹力带（各种力量练习）、拔河绳（抖绳）、三角旗（临时排球简易网，学生站在三角旗两侧进行传、垫、扣球练习）等物，学生进行相应的练习。

5. 篮球线筐

在两个篮圈或篮球架立柱之间拉一或两根横绳作篮球线筐，并将线筐调整到适宜高度。学生站在线筐两侧进行胸前传球、双手胸前投篮、原地单手肩上投篮和行进间低手投篮，要求篮球从线上或两线间穿过。

十、排球场在体育教学中的运用

排球场是学校进行排球教学、训练、比赛和师生课外活动的场所。排球比赛场地长 18m、宽 9m，场地上有底线、边线、中线等，所有的线宽均为 5cm。我们可以通过开发、合理利用排球场，助力体育课堂教学，提高体育课堂教学效果。

（一）在排球教学中的运用

1. 沿线垫（传）球

利用排球场上的各种线条进行沿线自垫（传）球练习，也可以进行沿线传、垫球组合练习。

2. 对网扣（发）球

利用排球网进行扣（发）球练习，这样可以减少捡球次数，增加练习密度。

3. 沿网滑步练习

学生面向排球网并站于球网一端，然后做滑步练习，移动到球网另一端。

4. 并步、交叉步拦网练习

学生面向排球网并站于球网一端，然后做一次并步或交叉步拦网动作，落地后接着重复，直到移动到球网另一端。

（二）在田径教学中的运用

排球场上除了中间有网柱和网以外都是空地，类似于篮球场，其运用可参考本书第九部分"篮球场在体育教学中的运用"。

（三）在步法移动练习中的运用

众所周知，步法移动是排球的基本功，也是连贯衔接各项排球技术的纽带，更是排球技战术发挥运用的基础。为此，我们可以借用排球场自身的线条进行步法移动练习，下面分享几种常见的步法移动练习方法，供大家参考。

1.3m 线移动

学生面朝排球网，分别站在排球场的进攻线两侧。发令后，降低身体重心，采用并步或交叉步来回移动若干次，每次移动都要用手触碰两侧的中线和进攻线。（图 10-1）

2.36m 移动

以排球场（右）进攻线作为起点线为例（图 10-2）：

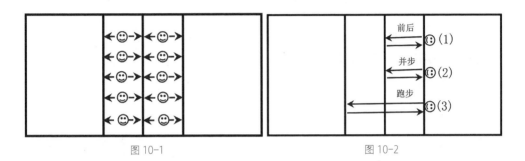

图 10-1　　　　　　　　　　　图 10-2

（1）学生在（右）进攻线站好，并以此时所处位置作为起点（不得踩线）。发令后，学生开始向前方中线跑动并用双手触摸中线，然后后退，跑回起点双手摸线（记得要整个退出来，而不是脚踩线），做两个来回。

（2）在完成前后两个来回之后，迅速转换成并步移动，同样移动到中线触线（身体须侧对中线移动），单手摸中线后再并步移动触摸起点线，做两个来回。

（3）在完成两个并步来回之后，最后迅速从起点跑到对面进攻线单手触线，触线后，赶紧跑回起点。

注：（1）（2）（3）所在位置均为同一个位置，即学生所在的初始站位起点，（1）（2）（3）所移动的轨迹均为同一个轨迹，图示是为了方便讲解与演示，实际操作时合并起来即可。

3.6m 线四角移动

在排球场半场的边线、端线、进攻线组成的长方形中，分别在四个角（A、B、

C、D 点）和对角线交叉点（O 点）
各放置一个标志物。O 是原点，也
是练习的起始点，发令后，学生手
触碰 O 点标志物，开始向 A 点移
动，触碰到 A 点标志物后，回移到
O 点触碰 O 点标志物，接着以同样

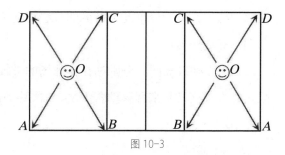

图 10-3

的方法依次移动，触碰 B、C、D 三个点的标志物，直到最后返回触碰 O 点标志
物为止，看谁用时最少。（图 10-3）

建议：①中间 O 点可以用平面垫，其他四个角可以用线条的交叉点；②各点
位可以让同伴代替，让练习者触摸同伴的脚。

4. 米字移动

在排球场半场的中线、边线、端线组成的正方
形中，分别在四个角（A、C、E、G 点）、四条线
中间点（B、D、F、H 点）、对角线交叉点（O 点）
各放置一个标志物。O 是原点，也是练习的起始点，
发令后，学生手触碰 O 点标志物，开始向 A 点移动，
触碰到 A 点标志物后，回移到 O 点触碰 O 点标志物，
接着以同样的方法依次移动，触碰 B、C、D、E、F、
G、H 等七个点的标志物，直到最后返回触碰 O 点
标志物为止，看谁用时最少。（图 10-4）

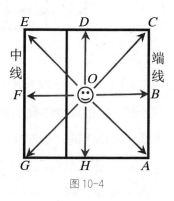

图 10-4

建议：①中间 O 点和四边线条中间点可以用平面垫，其他四个角可以用线条
的交叉点；②各点位可以让同伴代替，让练习者触摸同伴的脚。

5. 长字移动

在排球场半场的边线、端线、进攻线组成的长方形中，分别在四个角（A、B、
D、E 点）、端线中点 C 点和进攻线中间点（O 点）各放置一个标志物。O 是原
点，也是练习的起始点，发令后，学生手触碰 O 点标志物，开始向 A 点移动，
触碰到 A 点标志物后，回移到 O 点触碰 O 点标志物，接着以同样的方法依次移

动，触碰 B、C、D、E 四个点，直到最后返回触碰 O 点标志物为止，看谁用时最少。（图 10-5）

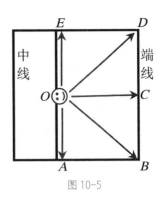

图 10-5

建议：①中间 O 点和端线 C 点可以用平面垫，其他四个角可以用线条的交叉点；②各点位可以让同伴代替，让练习者触摸同伴的脚。

6. 三米三岔移动

在排球场半场的边线和端线组成的直角中各取 3m（A、C 点），并放置标志物；在直角画一条 45°、长 3m 的射线（OB），在 B 点放置标志物。O 是原点，也是练习的起始点，发令后，学生手触碰 O 点标志物，开始向 A 点移动，触碰到 A 点标志物后，回移到 O 点触碰 O 点标志物算一次往返，接着以同样的方法依次移动，触碰 B、C 两点，各往返一或两次。最后一次回到 O 点时停止计时，看谁用时最少。（图 10-6）

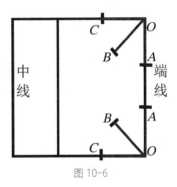

图 10-6

建议：①O、A、B、C 四个点可以用平面垫；②各点位可以让同伴代替，让练习者触摸同伴的脚。

（四）在奔跑练习中的运用

1. 折返跑

学生站在排球场端线 A 后，跑到中线 B 或对面端线 C 进行往返跑。在从 A 跑到 C 时，若有排球网须从排球网下钻过，身体不得触网。（图 10-7）

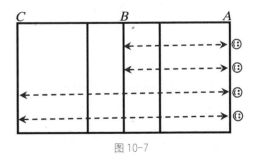

图 10-7

2. 递增（减）折返跑

学生站在排球场端线 A 后准备，发令后，快速跑到进攻线 B，用手触碰

进攻线 B 后返回端线 A，用手触碰端线 A，接着以同样的方法依次移动，触碰 C、D、E 三条线（其中触碰 D、E 两条线时，要从排球网下钻过），直到最后返回端线 A 为止，看谁用时最少。也可以从长距离线开始跑到短距离线进行递减折返跑。进行小组接力比赛时用时最短的组为胜。（图 10-8）

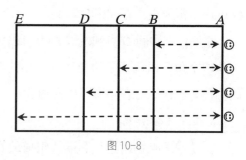

图 10-8

注：①A—B 为 6m 往返跑，A—C 为 9m 往返跑，A—D 为 12m 往返跑，A—E 为 18m 往返跑；②根据练习需要可增减折返的线条数，如去除中线折返或从起点开始每间隔 3m 画线。

3. 对角线跑

路线一：学生成一路纵队沿 A—B—C—D—E 跑，然后沿 E—d—C—b—A 跑，如此循环进行。（图 10-9）

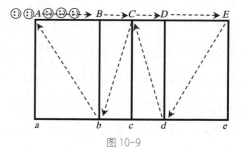

图 10-9

路线二：学生成一路纵队沿 A—b—C—c—B—a—A 的顺序依次跑进，如此循环进行。（图 10-10）

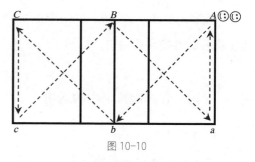

图 10-10

路线三：学生成一路纵队沿 A—b—C—d—E—e—D—c—B—a—A 的顺序依次跑进，如此循环进行。（图 10-11）

4. "S" 形跑

路线一：学生成一路纵队沿 A—B—b—c—C—c—d—D—E—e—a—A 的顺序依次跑进，如此循环进行。其中在中线 C—c 慢跑时，学生分别在中

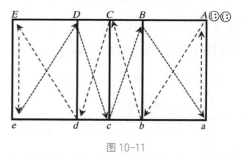

图 10-11

线（排球网）两边跑进。（图 10-12）

路线二：学生成一路纵队沿 A—E—e—E—D—d—D—C—c—C—B—b—B—A—a—A 的顺序依次跑进，如此循环进行。其中在端线、中线、进攻线慢跑时，学生要沿线的两边来回跑进。（图 10-13）

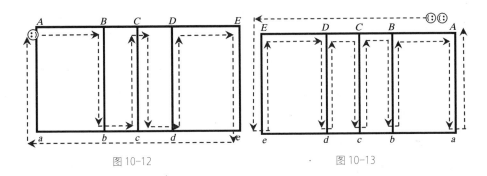

图 10-12　　　　　　　　　　图 10-13

（五）在体能练习中的运用

排球场与篮球场的组成既有相同又有不同，相同部分的功能可参考本书第九部分"篮球场在体育教学中的运用"，而有的体能练习则更适合在排球场进行。

1. 空中对对碰

学生两人一组，面对面分别站在排球网两侧。开始后，两人同时双脚跳起，双手在网口（网上方）互相击掌 1 次，落地后接着跳起，如此反复进行，直到完成规定的次数或在规定时间内看哪组完成次数多。

拓展：

（1）一上一下：两人在网口击掌 1 次后，立即下蹲在网下方击掌 1 次，如此一跳一蹲交替进行若干次。

（2）击掌移动：两人在网口击掌 1 次落地后，转身跑到各自身后的进攻线或端线，用脚或手触及进攻线或端线后返回网前为一次，如此循环进行，看哪组先完成规定的次数。

（3）击掌递增：方法同拓展（2），如完成 5 次，则第一次击掌 1 次，第二次击掌 2 次……第五次击掌 5 次。

2. 往返跳跃

利用排球场的半场或全场，学生进行单脚跳、蛙跳往返等练习。

3. 一字线梯

（1）前前后后：学生面对横向线条且站在线后，两脚依次抬起踏入线前，再依次踏回线后，如此反复进行，可以边做边向线的另一侧移动。

（2）左左右右：学生面对纵向线条且站在线条一侧（以站在线条右侧为例），左脚先抬起，踏入线的左侧，右脚再跟进。接着，右脚抬起，踏入线的右侧，左脚再跟进，如此反复进行，可以边做边向前移动。

4. 俯撑跳跃

学生纵向俯撑在排球场的线条上，抬高臀部，两脚放在线条一侧。发令后，两手固定不动，两脚同时在线条两侧来回跳动，脚不触及线条，看谁先完成规定的次数或在规定时间内看谁做的次数多。

5. 俯撑移行

学生横向俯撑在排球场的边线或端线上，两手交替移行到线的另一侧或绕场移行，然后回到原位，如此反复若干次。同样，学生正对线条，两手进行前后移行练习。

（六）在体育游戏中的运用

排球场由宽 5cm 的线组成，利用线可进行各种体育游戏，具体可参考本书第九部分"篮球场在体育教学中的运用"。除此之外，排球场上还有排球网，可以借助排球网进行一些团体游戏，培养学生的团结协作能力，具体可参考丛书中的《常规体育器材的开发与运用》中第十五部分"排球架（网）的开发与运用"。

1. 气球比赛

在排球比赛中，用气球代替排球，进行气球比赛，比赛规则可参考标准的排球比赛规则。

2. 超级排球

准备：3m×3m 或 3m×6m 安全网 2 张，瑜伽球 1 个。

方法：学生平均分成两队，两队成员分别站在排球场半场，每队成员用手拉着一张安全网四周；双方猜拳，获取发球权。将 1 只瑜伽球放在发球方的安全网上。吹哨后，发球方全体队员协力用网连续颠球多次，择机将球抛向对方场地，另一队用网接球后，同样用网连续颠球多次后抛向对方场地，如此反复进行，直到一方将球抛出界外或落地则对方得 1 分，先得 5 分的队伍为胜，每场比赛采用三局两胜制，比赛规则可参考标准的排球比赛规则。（图 10-14）

建议：初玩时，由于团队控球能力弱，为调动学生参与的积极性和保证游戏的连续性，可以取消 4 次击球和持球（允许球停留在网上进行调整）规则，待熟练后再按照排球比赛规则进行。

图 10-14

3. 传球接力

准备：排球场，排球，呼啦圈；在排球场两个半场的端线和进攻线中间画一条直线，这样排球场就有 7 条 9m 长的线，各条线间距 3m；两条端线分别作起、终点线，并在两条端线后放置 7 个呼啦圈，相邻两个呼啦圈间隔 1.5m。其中在起点线的呼啦圈内放置 6 ~ 10 个排球。（图 10-15）

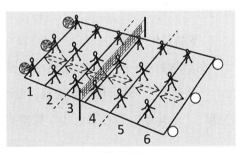

图 10-15

方法：学生 6 人一组，对准本组的呼啦圈，成一排（与边线平行或重叠），分别站在相连的两条线之间（间隔 3m），且靠近起点线一侧准备。发令后，各组第一人从起点线前的呼啦圈内取一球，采用交叉步向第二人方向移动，然后将球传给第二人，第一人又移动到起点线取下一个球，第二人接球后向第三人移动，并将球传给第三人，以此类推，直到将球传给第六人，第六人把球放到终点线后的呼啦圈内。依次进行传球接力，直到将全部球传到终点线的呼啦圈内，看哪组用时最少。

规则：

（1）每人只能在相连的两条线（间距3m）之间移动，只能采用交叉步移动。

（2）每次只能传一个球，传接球时不能抛球。

（3）若下一人还没到达交接区，上一人只能原地等待，不能将球放在交接线上。

（七）拓展运用

1. 多功能球场

排球场面积较大，基本上能满足其他球类活动。通过调整排球网的高度及场地大小可使之作为各种球类运动的临时教学、练习场地。

2. 小型足球场

在排球场边线摆放标志筒作为球门，可组织三对三或五对五的小型足球赛；也可以不设球门，将双方的端线作为球门，只要足球滚过本方端线（球门），就算对方进一球。

3. 多功能游戏场

在排球场玩一些人数少、活动范围不大的徒手类游戏，如"大渔网""毛毛虫""贴膏药""萝卜蹲"等游戏；也可以在场地内放置各种游戏道具，进行"赶小猪""滚轮胎""春播秋收"等游戏。

十一、羽毛球场在体育教学中的运用

羽毛球是校园中较为常见的运动项目，标准的羽毛球场地长13.4m，单打场地宽5.18m，双打场地宽6.1m，球场线宽4cm。除正常的羽毛球教学、训练和比赛外，羽毛球场还可以进行开发利用，使其更好地服务于体育教学。

（一）在羽毛球教学中的运用

1. 直线或斜线发球

利用羽毛球场上的线进行直线或斜线发球练习。

2. 直线或斜线杀球

利用羽毛球场上的线进行直线或斜线杀球等练习。

3. 沿线托、颠球练习

利用羽毛球场上的线进行沿线托、颠球等练习。

4. 吊球练习

利用羽毛球网进行吊球练习。

（二）在田径教学中的运用

在田径教学中，羽毛球场与排球场、篮球场类似，具体可参考本书第九部分"篮球场在体育教学中的运用"。

（三）在体能练习中的运用

在体能练习中，羽毛球场的使用除了与篮球场、排球场类似以外，也存在独特的练习方法。

1. 3m移动

利用羽毛球场的边角进行3m移动练习。

（图11-1）

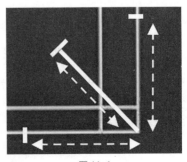

图11-1

2.步法练习

利用羽毛球场做跨步、并步、交叉步、垫步等步法练习。

3.隔网投掷羽毛球练习

在羽毛球网的一侧进行投掷羽毛球练习，可进行远度、准度或高度的练习。

4.绳梯练习

利用单、双打的边线间隔 30～50cm 画若干线，绘制成一幅地面绳梯，进行单脚跳、双脚跳、交叉步或小碎步前进等绳梯练习。（图 11-2）

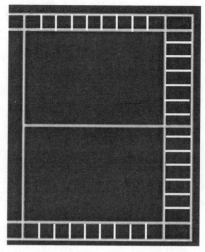

图 11-2

5.单、双脚跳练习

利用单、双打的边线进行来回单、双脚跳练习，发展跳跃能力。

6.往返跑练习

将场地边线作为起跑线，听到口令，快速跑到底线（脚要超过底线）后折返，反复练习。

7.俯撑移行

学生横向俯撑在羽毛球场的线条一侧，两手交替移行到线的另一侧，然后再回到原位，如此反复若干次。同样，学生正对线条，两手进行前后移行练习。

8.俯撑跳跃

学生纵向俯撑在羽毛球场的线条上，抬高臀部，两脚放在线条一侧。发令后，两手固定不动，两脚同时在线条两侧来回跳动，脚不触及线条；也可以在单打和双打线之间跳跃，看谁先完成规定的次数或在规定时间内看谁做的次数多。

（四）在体育游戏中的运用

羽毛球场由线、网、架组成，与排球场类似。羽毛球场在体育游戏中的运用可以参考本书第十部分"排球场在体育教学中的运用"。

（五）拓展运用

1. 多功能球场

根据羽毛球场的大小、规模和与其他球场相似的特点，可将其作为各种球类运动的临时教学、练习场地。

2. 小型足球场

在羽毛球场边线摆放标志筒作为球门，可组织三对三小型足球赛；也可以不设球门，将双方的端线作为球门，只要足球滚过本方端线（球门），就算对方进一球。

3. 多功能游戏场

在羽毛球场玩一些人数少、活动范围不大的徒手类游戏，如"大渔网""毛毛虫""贴膏药""萝卜蹲"等；也可以在场地内放置各种游戏道具，进行"赶小猪""滚轮胎""春播秋收"等游戏。

十二、主席台（领操台）在体育教学中的运用

主席台（领操台）是学校中不可缺少的建筑，一般建在田径场跑道一侧，大都为长方体，长 5 ~ 15m，宽 3 ~ 10m，高 0.8 ~ 1.2m，表面铺大理石或由水泥浇筑。主席台（领操台）主要用于集会、升旗、课间操领操及主持等活动，平时基本上处于闲置状态，只要巧加利用，就能使其发挥独特的教学功能。

（一）在田径技术教学中的运用

1. 作起跑器

学生两脚前后开立，蹲在主席台的前面，后脚前脚掌抵在主席台壁角上，进行快速起跑练习，体验蹲踞式起跑技术动作。

2. 背越式跳高过杆

将一块海绵垫平铺在主席台的边沿，另一块立在侧面，两块海绵垫互相接触，将主席台两面包裹住，再把主席台的台面当作背越式跳高中的横杆，学生在安全的前提下做原地起跳过杆练习，体会肩、背部着垫技术动作。

3. 跳远技术

学生背向主席台，站在台面边沿，往前上方跳起，借助主席台的高度做出蹲踞式或挺身式空中动作，然后屈膝缓冲，落在地面的海绵垫上，体会跳远过程中的空中和落地技术动作。若主席台较宽阔，学生可在台面上进行上步起跳练习。

4. 支撑跑

学生两手撑在主席台台面边沿，身体稍前倾，前脚掌着地，进行支撑跑练习。（图 12-1）

5. 高抬腿练习

在主席台一侧标记不同的高度，学生根据自己的能力选择合适高度，面对或侧对主席台做高抬腿练习，要求大腿抬至相应的高度。

图 12-1

（二）在支撑跳跃中的运用

在山羊分腿腾越、横箱分腿腾越、横箱屈腿腾越的教学初始阶段，教师可以在主席台上安排相关的辅助技术教学，让学生循序渐进地学习。学生双手支撑在主席台上进行原地支撑—并脚提臀—并脚回落、原地支撑—提臀—分腿—回落、助跑—踏跳—支撑—分腿—回落三种动作组合练习或屈腿腾越练习，并腿蹬地，使臀部高于主席台的水平面，充分体会支撑跳跃中的提臀（图12-2）、分腿（图12-3）和屈腿的技术动作。

图12-2   图12-3

（三）在球类技术教学中的运用

1. 在足球技术教学中的运用

（1）作足球门。

在主席台一侧或正面用胶带或油漆画一个简易的足球门（多宫格），学生面对足球门，进行各种射门、射准、传准等练习。近距离的对墙射门能增加练习密度，提高射门或传球的准确性。

（2）作反弹墙。

学生站在主席台前，在适当位置用各种踢球技术向主席台一侧或前面的墙壁踢球，并左右移动，练习停球技术，提高球感。

（3）撞墙式二过一。

在主席台前适当位置放一个标志筒作为防守人，学生从标志筒右侧将足球斜

向踢到标志筒左侧前方的墙壁上，然后迅速跑到标志筒的左侧位，接住反弹球后继续运球或射门。（图12-4）

（4）作目标靶。

学生把主席台平面作为目标靶，进行凌空球练习；也可以在主席台平面的不同位置放置呼啦圈、标志碟（围成圈）等进行凌空球的准度练习，增加练习难度，提高学生的练习兴趣。

图12-4

2. 在篮球技术教学中的运用

（1）投篮。

学生两人一组，辅助者站在主席台上，手拿呼啦圈，练习者站在主席台下，手持篮球，用投篮的技术动作将篮球投向呼啦圈。呼啦圈的高度可随时调整，提高趣味性。（图12-5）

图12-5

图12-6

（2）击地反弹球。

学生站在主席台前，用双手胸前传接球动作进行击地碰壁反弹练习，击地点在主席台前的地面上，反弹点在主席台墙壁，可增加练习密度，巩固传球技术动作。

（3）摸高。

学生两人一组，辅助者站在主席台上，手拿标志物，练习者在主席台下原地或助跑起跳，触碰标志物。标志物可以用体操垫（图12-6）、刻度板、接力棒、矿泉水瓶等物体代替。

3.在排球技术教学中的运用

（1）传、垫球。

学生两人一组，辅助者站在主席台上，练习者站在主席台下，两人进行传、垫球练习，提高学生的练习兴趣。

（2）扣球。

学生两人一组，辅助者持球站在主席台上，练习者侧对主席台进行助跑扣固定球或扣上抛球的练习，提高抛球稳定性，有利于扣球动作的掌握。

（四）在体能练习中的运用

1.辅助上肢力量练习

利用主席台的高度，学生可进行高姿俯卧撑、高姿俯撑移动、低姿俯卧撑或仰撑等练习，发展上肢力量。

2.辅助柔韧素质练习

学生站在主席台前，进行压肩、正压腿、侧压腿、立位体前屈等练习，发展身体柔韧素质。（图12-7）

图12-7

3.辅助下肢力量练习

（1）跳深练习：学生站在主席台上，做从上向下的跳深练习，落地后屈膝缓冲，有能力的可以缓冲后顺势接一个立定跳远。

（2）跳高台：学生站在主席台下，双脚跳上高台，适用于弹跳较好的学生。

4.辅助核心力量练习

在主席台上放置体操垫，学生借助主席台高度进行俯卧挺身（腰部以上悬空，有能力的可以髋关节以上悬空）、仰卧起坐（腰部以上悬空，有能力的可以髋关节以上悬空）等练习，为枯燥的核心力量练习增加挑战性，提高学生的练习积极性。

（五）拓展运用

1. 信任背摔

一名学生站在主席台上，同伴在主席台（领操台）下用双手搭成桥。开始后，学生背对同伴向后倒，同伴在下面接住倒下的学生。要求地面铺设柔软的跳高用海绵垫做保护。本游戏可锻炼学生的心理素质，帮助学生克服恐惧心理，培养人与人之间的信任。（图12-8）

2. 高台取物

学生两人一组，练习者俯卧在主席台上，上身探出主席台，辅助者用力压住练习者的踝关节或膝关节以下部位，练习者用手抓取地上的空矿泉水瓶、沙包、鞋子或外套等，放到身侧的主席台上，同一时间内取物多的组为胜。（图12-9）

图12-8   图12-9

3. 翻越矮墙

学生先用自己已掌握的运动方式攀爬主席台（矮墙），然后再尝试双手支撑翻越和单手支撑翻越。

十三、道牙在体育教学中的运用

道牙是路缘石的别名，又称缘石，可分为立道牙和平道牙两种，主要用于划分区域和美化路面。道牙在校园里有车行道道牙、绿化带道牙和跑道道牙三种。在体育教学中巧妙地运用道牙，将会有意想不到的效果。

（一）在体育技术教学中的运用

1. 作起跑器

学生两脚前后分开，蹲在道牙前面，后脚前脚掌抵在道牙上，进行快速起跑练习，体验蹲踞式起跑技术动作。（图 13-1）

2. 篮球直线运球练习

学生在道牙上边走边运球，球的落点在地面，或者学生在地面走，球的落点在道牙平面上。

图 13-1

3. 步频练习

学生以道牙为小台阶，进行左右脚依次快速上下道牙的步频练习。

（二）在体能练习中的运用

1. 平衡练习

（1）向前（后退）走。

学生站在道牙上，伸开双臂，沿道牙向前（后退）行走，练习速度由慢到快，还可进行计时挑战比赛。（图 13-2 为跑道道牙，图 13-3 为车行道道牙）

（2）侧身并步（交叉步）走。

学生站在道牙上，伸开双臂，沿道牙侧身并步（交叉步）行走，练习速度由

图 13-2   图 13-3

慢到快，还可进行计时挑战比赛。

2. 力量练习

（1）单、双脚前后跳。

学生面对道牙，进行跨越道牙的单、双脚向前、向后跳练习。

（2）单、双脚左右跳。

学生侧对道牙，进行跨越道牙的单、双脚向左、向右跳练习。

（3）提踵练习。

学生两脚并拢，前脚掌踩在道牙上，向上做提踵练习。（图 13-4）

（4）高、低姿俯卧撑。

学生俯卧，两脚前脚掌放在道牙上，两手支撑在地面上，进行低姿俯卧撑练习；手臂力量较弱的学生可反向进行高姿俯卧撑练习。

（5）俯撑移行。

学生手扶道牙，沿道牙做俯撑移行。待手臂力量增加后，可增加移动距离。该项目可发展成一项校园体育吉尼斯挑战项目。

图 13-4

3.柔韧素质练习

（1）坐位体前屈。

学生坐到跑道或者草皮上，两腿伸直，两脚并拢，抵住道牙，进行坐位体前屈练习。（图13-5）

（2）站位体前屈。

学生站在道牙上，两腿伸直，两脚并拢，向下弯腰，进行站位体前屈练习，两手尽力触碰脚尖或地面。

图 13-5

十四、沙坑在体育教学中的运用

沙坑是学校常见的体育场地之一，多呈长形，内铺粗沙，主要用于跳远、跨越式跳高等运动项目的教学和训练。沙坑在日常体育教学中的使用率低，合理的开发不仅能使沙坑实现一场多用的效果，还能使沙坑较好地辅助完成教学与训练目标。

（一）在体能练习中的运用

学生在沙坑内做各种跳跃动作，如收腹跳（图 14-1）、高抬腿跳（图 14-2）、单脚跳、纵跳、弓箭步交换跳、蛙跳、分腿跳等，发展学生的下肢力量，提高学生的跳跃能力。

图 14-1　　　　　　　　图 14-2

（二）在体育技术教学中的运用

1. 沙坑垫球练习

学生在沙坑内进行排球自垫球练习，可以加大脚步移动的难度，发展身体平衡能力、下肢力量和灵敏性等。（图 14-3）

图 14-3

2. 沙坑抓球练习

学生在沙坑内进行掌心朝下抓放实心球、铅球等重物练习，发展手指握力和快速反应能力。（图 14-4）

3. 沙坑推球练习

学生站在沙坑内，单手持铅球（实心球）于锁骨上窝，上体前倾，向沙坑推砸球，体验

图 14-4

屈腕拨球和身体协调发力的动作。这种方法也适用于原地正面投掷实心球的出手动作练习。（图14-5）

图14-5

4. 作铅球场地

当学校草坪在养护或者没有草坪的情况下，可以将沙坑作为铅球场地。学生站在离沙坑一定距离的位置，朝沙坑推铅球。练习前，一定要根据学生的能力设置好投掷距离，避免出现砸坏沙坑边缘的情况。（图14-6）

图14-6

5. 辅助制动

将沙坑的边缘作为投掷时的抵趾板，学生站在沙坑内侧边缘处，进行徒手投掷重物的练习。出手后脚不能踏入沙坑，借此纠正投掷后脚出投掷圈的问题。

6. 插枪练习

学生在离沙坑适当距离的位置站立，手持标枪，朝沙坑做标枪的原地插枪练习。该练习可巩固标枪投掷动作，体会标枪出手的发力顺序。（图14-7）

图14-7

7. 辅助立定跳远

学生站立于沙坑边缘，前脚掌露出少许，向沙坑进行立定跳远练习（图14-8）。

图14-8

由平面起跳改为斜面起跳，两腿可以获得更大的反作用力，充分体验蹬地展体动作。同样，学生可以体验落地前伸小腿的动作。

建议：当前，许多学校的立定跳远练习在塑胶跑道上或立定跳远垫上进行，但是以上场地不具备很好的缓冲效果，我们可以让学生在沙坑区练习，以减少练习对学生膝关节的损伤，这种方法特别适用于体型偏胖者。

8. 辅助支撑跳跃练习

将跳箱或山羊放置在沙坑边上，用沙坑作支撑跳跃的落地缓冲区，可以减轻学生的害怕心理。

9. 辅助跳高台

将一定高度的跳箱（或移动台阶）放置在沙坑中，学生进行从高处往低处跳（跳下）、从低处往高处跳（跳上）的不同难度的练习，沙坑能起到保护作用，学生也能体验平地与沙坑跳上（下）高台的不同感受。

（三）在体育游戏中的运用

1. 沙坑独木桥

用横梁、宽木、圆木、砖块等物体在沙坑里设置出各式各样的独木桥（梅花桩），让学生在上面行走，发展学生的平衡能力、身体协调性及核心力量。（图14-9）

2. 迷你沙滩排球

在沙坑中间位置设置高度适宜的简易排球网，每边 1～2 人，按照沙滩排球的规则进行小型沙滩排球赛，体验沙滩排球的魅力和乐趣。若能光脚则效果更好。（图14-10）

图 14-9

3. 沙坑寻宝

在沙坑中埋藏小物件作宝物，如玻璃珠、小挂件、小模型等，让学生在规定时间内找到。游戏结束，找到宝物数量多者为胜。游戏结束后把所有的小物件找出，并将沙坑恢复平整。

图 14-10

4. 小小建筑师

学生可通过个人想象，在沙坑里建城堡、建庄园、挖战壕、塑沙雕等，享受沙子带来的乐趣。要求沙坑里的沙子含有一定湿度，保证沙子能黏结。本游戏适用于小学低段的学生。

5. 徒步旅行

在保证沙坑内细沙中无异物的前提下，学生脱掉鞋子，光脚在沙坑上按一定路线行走。松软的沙子可按摩足部，促进脚底血液循环，有利于身体健康。（图 14-11）

图 14-11

6. 我画你猜

学生用手指或细木棒在沙坑内画出相应的图案，如笑脸、太阳、汽车、运动人体等简笔画，让其他人猜，猜对数量多者为胜。本游戏适用于小学低段的学生。

十五、台阶在体育教学中的运用

台阶在校园中比较常见，是由砖、石、混凝土等筑成的，如楼梯、看台等。在体育教学中，合理、安全地使用台阶，既能缓解运动场地不足的问题，又能增加体育课堂教学的多样性，提升学生的练习兴趣。

（一）在体能练习中的运用

1. 单、双脚跳

学生进行单、双脚连续跳上或跳下若干级台阶的练习，发展学生的下肢力量和爆发力。（图 15-1）

图 15-1

2. 交换跳

学生面向台阶，两脚分别于上下两个台阶站立，进行两脚交换跳台阶的练习。练习时，上体保持直立，身体重心前移，前脚掌积极向上蹬地，尽量往高跳。

3. 跳下接收腹跳

学生从一定高度的台阶跳下，屈膝缓冲后顺势做一个收腹跳，发展学生的下肢力量和爆发力。

4. 蹬地提膝

学生面向台阶，一腿支撑在第一级台阶上，另一腿蹬直，两腿成弓步。练习时，后腿用力蹬地并向前上方提膝收腹，同时，配合手臂摆动，前侧腿蹬直，之后还原成初始状态，循环进行，要求连续有节奏地练习。

5. 台阶单腿半蹲

学生侧对台阶，一只脚站在台阶上，另一只脚在台阶外自然下垂。练习时，支撑腿做蹲起练习，蹲起幅度根据自身情况调整，完成若干次后换腿继续练习。（图 15-2）

图 15-2

6. 台阶弓步蹲

学生背向台阶，一条腿自然站立，另一条腿向后支撑在一定高度的台阶上，两腿成弓步，进行有节奏的向下深蹲练习。可在起身时添加跳起胯下击掌动作，增加练习难度。（图15-3）

图 15-3　　　　　图 15-4

7. 离心式提踵

学生两脚前脚掌踩在台阶上，足跟悬空，两手叉腰，然后前脚掌用力向上跷起，再下放还原，如此反复若干次。（图15-4）

8. 弓步上台阶

学生根据自身能力，一次弓步跨越2～3级台阶。练习时，动作不要过快，注意节奏，保证动作连贯。

图 15-5

9. 俯撑上下台阶

学生侧对台阶，俯撑在地，通过手脚配合侧向移动上台阶，然后再下台阶，速度不宜过快，要控制节奏，主要发展上肢力量、核心力量及身体协调性。（图15-5）

10. 高（低）姿俯卧撑

学生面向台阶站立，手放在适宜高度台阶上，脚撑地面进行高姿俯卧撑练习（图15-6）；也可脚放在适宜高度台阶上，手撑地面进行低姿俯卧撑练习（图15-7）。

图 15-6

11. 台阶臂屈伸

学生背对台阶，两臂向后垂直，支撑在一定高度的台阶上，两腿放至合适距离，让身体尽量伸直，连续做手臂屈伸动作，发展上肢力量；也可以屈腿90°成蹲坐，进行

图 15-7

臂屈伸练习。（图 15-8）

12. 压腿

学生根据自身能力，选择不同高度的台阶进行正压腿、侧压腿（图 15-9）、背向压腿、纵叉（图 15-10）等练习。

图 15-8　　　　　　　　　图 15-9　　　　　　　　　图 15-10

13. 体前屈

学生站在台阶边沿，进行立位体前屈练习，通过手指超过水平面的距离来检测柔韧素质（图 15-11）；或者学生面对台阶坐在地面上，两脚抵住台阶，两膝伸直，手指向前伸，进行坐位体前屈练习。

14. 快速跑台阶

学生上体稍向前倾，一步一个台阶，高频快速上、下台阶，练习步频，发展快速跑能力。（图 15-12）

15. 耐力跑台阶

学生在台阶上进行向上（下）跑动练习，根据自身能力上台阶时，每步 1 ~ 3 级台阶；下台阶时，要求一步一格，如此反复练习一定时间。（图 15-13）

图 15-11　　　　　　　　　图 15-12　　　　　　　　　图 15-13

（二）在体育技术教学中的运用

1. 辅助蹲踞式起跑练习

学生两脚前后分开蹲在台阶的前面，将后脚前脚掌抵在第一级台阶壁上。发令后，后脚用力蹬台阶壁，快速向前跑出，体验蹲踞式起跑动作。

2. 跑的辅助性练习

学生借助多级台阶形成的倾斜角，身体前倾，进行高抬腿或后蹬跑等练习。要求大腿高抬，后蹬充分，可一步若干级台阶（阶数根据学生能力定），巩固动作，提高动作质量。

3. 颠乒乓球练习

学生正对或侧对台阶站立，手持一支球拍边颠乒乓球边上（下）台阶，以此提高控球能力。

4. 大步跑台阶练习

学生可在台阶上进行一步跑 3 级、4 级台阶的大步跑台阶练习，增大跑步的步幅，发展腿部力量。

5. 跳远腾空步练习

学生选择 4 ～ 6 级高度的台阶，在台阶下方铺上海绵垫，面向海绵垫跳起，做跳远腾空步动作，通过增加高度延长落地时间，充分体会腾空的动作要领。

6. 投掷实心球练习

学生站在台阶前的投掷线上，面向台阶投掷实心球，可以投高台阶，纠正出手角度低的问题，或投标志点练习投准。练习时需要观察周围环境，注意安全。（图 15–14）

图 15-14

7. 足球射门练习

学生将空旷区域台阶当成足球门进行足球射门（地滚球或凌空球）练习，可定点射门或规定动作射门，避免满场捡球，提高练习密度。（图 15–15）

图 15-15

8. 排球发球练习

学生离台阶前一定距离，进行对台阶的发球练习，可以提高发球的稳定性和准确性。（图 15-16）

9. 排球垫球练习

学生一边自垫球一边逐级走上台阶，巩固自垫球技术，提高上下肢协调能力。（图 15-17）

图 15-16   图 15-17

10. 篮球运球练习

学生侧对台阶，两脚分别站立在上下两个台阶上，然后原地进行一上一下台阶运球练习（图 15-18）；学生也可正对台阶，一边上台阶一边运球（图 15-19），提高控球能力。

图 15-18   图 15-19

（三）拓展运用

1. 信任背摔

在地面上放置安全保护垫，一名学生站在一定高度的台阶上（高度在 80cm 以上），其他成员在台阶下面手拉手接住倒下的学生，轮流进行。

2. 信任行走

学生两人一组，一人戴眼罩和另一人手牵手（手握体操棒）进行上下台阶或台阶直线行走等练习，也可增加语言提示，完成规定路线的挑战。

3. 体育文化宣传台

利用校园内各种台阶垂直面作为体育文化宣传台，绘制或粘贴体育格言、体育口号、体育基本知识、健身小知识等内容，拓展学生的体育知识面，营造良好的校园体育文化氛围，如写上"生命在于运动""合理膳食、适量运动、戒烟戒酒、心理平衡""更快、更高、更强——更团结"等内容。

4. 作抵趾板

在实心球投掷教学时，选取最低一级的台阶作抵趾板来辅助练习，纠正出手后脚越线问题。此法也可用于垒球、铅球等投掷项目的辅助练习。

5. 作展示台

选取台阶上的大平台作为高展示台，有利于学生清楚观察教师的讲解示范动作；也可作为活动、教学或者会议主持人的站台。

十六、墙壁在体育教学中的运用

墙壁是以砖石等砌成的实体墙，主要用于隔离场地、空间等。学校可根据实际需要建造特有的体育教学专用辅助墙，用于各种技术动作的教学与训练，达到一墙多用、墙墙有用的目的，充分展现学校体育特色，营造良好的体育氛围。

（一）在田径技术教学中的运用

1. 起跑器

学生背对墙壁，将墙壁当作起跑器，后脚全脚掌抵在墙壁上，用力快速蹬墙壁向前跑出，练习蹲踞式起跑。（图16-1）

2. 扶墙后蹬跑

学生双手扶墙，进行扶墙后蹬跑练习。要求扶墙练习时，髋、膝、踝关节充分伸展，发展腿部力量和快速跑能力。（图16-2）

图16-1

3. 跨栏跑

（1）将小体操垫立在墙壁上，在体操垫前面放置栏架。学生站到栏架前，摆动腿积极主动抬伸、前压，蹬小体操垫，站立腿辅助摆动腿做过栏技术的练习。（图16-3）

图16-2

（2）将小体操垫立在墙壁上，学生站到栏架一侧，双手扶墙，起跨腿高于栏架，做蹬、展、拉练习，站立腿辅助起跨腿做过栏技术的练习。

4. 投掷墙

在投掷沙包、垒球、实心球教学中，可以安排学生将投掷物投向墙壁，缩短捡投掷物的时间，提高练习密度，提升练习效率。

图16-3

5.目标墙

在墙壁上设置环形靶等目标或在墙壁上悬挂不同高度的物体作为目标物,学生进行投准练习。

6.控制出手角度

在墙壁上设置不同高度的标志线,学生站在合适的位置进行对墙投掷练习,要求投掷物的击墙点略高于标志线,以此纠正学生出手角度过低的问题。

(二)在球类技术教学中的运用

1.在排球技术教学中的运用

(1)教练墙。

在排球技术教学中,学生面对墙壁进行对墙传球、垫球(图16-4)、扣球和发球等练习,提高练习密度。也可以在墙壁上画上目标筐或限制线,进行垫准、传准和发准等练习。

(2)发球反弹墙。

当学生基本掌握发球技术,进入应用发球阶段时,可在墙壁上分别标记标准男网和女网高度线,学生站在离墙9m的地方进行发球练习,要求排球落点在标准网线以上。还可以根据学生的熟练程度,在网线上约50cm处再画一条限制线,要求学生发球落点必须在两条限制线之间,进行平冲球练习,以此提高学生发球成功率和攻击率。

图 16-4

(3)击球对对碰。

学生3～6人一组,成纵队站在墙壁前,第一人持球。开始后,第一人将球抛向墙壁后自垫一次,转身排到队尾;第二人将反弹回的球垫回墙壁,依次进行接力,直到有人将排球垫飞或没接到上一人的来球为止,然后重新开始,在规定时间内,看哪组连续垫球次数最多。最后,横向比较各组的连续垫球次数,少者

做俯卧撑、蹲起、移动、往返跑等体能练习。（图 16-5）

建议：可在离墙 1.5 ~ 2m 处的地面上画一条横线作垫球线，以增加练习难度。此法可以运用到传球接力中。

2. 在足球技术教学中的运用

（1）踢球墙。

学生站在墙壁前，距离墙壁合适距离，用各种脚法向墙壁踢球或在墙壁上做标记，进行凌空球踢准练习，增加练习密度，巩固踢球技术。（图 16-6）

（2）足球门。

在墙壁上用胶带贴或用油漆画一个足球门，再在足球门框内画上多宫格，学生对准墙壁上的足球门或相应宫格进行各种脚法的射门或射准练习。（图 16-7）

（3）撞墙式二过一。

在墙壁前适当位置放一个标志筒作为防守人，学生从标志筒右侧将足球斜向踢到标志筒左侧前方的墙壁上，然后迅速跑到标志筒的左侧位，接住反弹球后继续运球或射门。（图 16-8）

3. 在篮球技术教学中的运用

学生面对墙壁进行双手胸前传接球（图 16-9）、原地双手胸前投篮、

图 16-5

图 16-6

图 16-7

图 16-8

原地单手肩上投篮（图16-10）等练习，提高练习效率，避免双人传接球较难控制的问题。也可以在墙壁上画或贴一个标志，进行篮球投准、传准等练习。

4. 在网球技术教学中的运用

在墙壁上画上网球网高的限制线或多宫格，学生在墙壁前合适距离进行网球发球或正反手对墙打球练习，提高练习密度。（图16-11）

图16-9　　　　图16-10

5. 在乒乓球技术教学中的运用

在墙壁前放置半张乒乓球台或桌子，学生面对墙壁进行乒乓球的发球、推挡、拉球等练习。

6. 在手球技术教学中的运用

（1）投球反弹墙。

图16-11

在墙壁上画一个手球门大小的门框，学生站在墙壁前，距离墙壁合适距离，用各种手法向墙壁上的手球门投球，反复练习若干次，发展投球技术和投球力量。

（2）手球门。

在墙壁上用胶带贴或用油漆画一个手球门，再在手球门框内画上多宫格，学生对准墙壁上的手球门或相应宫格进行各种投法的手球射门或投准练习。

（三）在体操技术教学中的运用

1. 靠墙倒立练习

学生以墙壁为辅助支撑进行靠墙手倒立（图16-12）、头手倒立和肩肘倒立等练习。靠墙倒立能降低难度，帮助控制身体，增强核心力量。

图16-12

2. 侧手翻练习

学生背对墙壁一定距离选好站位，进行侧手翻练习。墙壁能限制学生屈髋，辅助学生形成空中直立舒展姿态。（图 16-13）

图 16-13　　　　　图 16-14

建议：学生也可面对墙壁进行侧手翻练习。（图 16-14）

3. 形体练习

学生脚跟、臀部、背部、头部成一条直线，紧贴墙壁直立站好，头部摆正，眼睛看向正前方。

4. 靠墙成桥练习

学生背对墙壁，离墙一定距离，身体后仰，手扶墙，两手慢慢交替向下移动，直到手支撑到地面，身体成桥。（图 16-15）

图 16-15

5. 贴墙举腿练习

在初学肩肘倒立时，为了更好地体会膝关节伸直、脚面绷直、两手压垫的动作要领，学生可仰卧在体操垫上，两腿上举并紧贴墙壁，两臂伸直压垫，进行辅助练习。（图 16-16）

图 16-16

6. 脚抵墙肩肘倒立

在初学肩肘倒立时，为了更好地体会伸髋、挺腹、屈肘内收的动作要领，学生可背对墙壁、头朝外，躯干与地面成 90°，屈膝成 90°，两脚抵住墙壁，同时抬臀、展髋、夹肘，成肩肘倒立。（图 16-17）

图 16-17

（四）在体能练习中的运用

1. 力量练习

利用墙壁进行手扶墙俯卧撑（图 16-18）、靠墙手倒立（图 16-19）、靠墙静蹲（图 16-20）、倒立俯卧撑等练习。

图 16-18　　　　　　　　图 16-19　　　　　　　　图 16-20

2. 拉伸练习

利用墙壁进行压肩（图 16-21）、拉伸小腿后侧肌群（图 16-22）、压腿、拉伸肩关节等练习。

3. 横叉练习

在墙壁前地面上铺一块体操垫，学生两人一组，练习者面对墙壁，坐在垫上，两腿分开，辅助者慢慢推练习者臀部，使练习者两腿分开角度逐渐增大，大腿内侧慢慢靠近墙壁；或练习者背靠墙壁，辅助者坐在练习者前面，两脚蹬在练习者双腿踝关节处，两脚发力前蹬，让练习者两腿分开角度逐渐增大。（图 16-23）

图 16-21　　　　　　　　图 16-22　　　　　　　　图 16-23

图 16-24

4. 蜻蜓点墙

学生距离墙壁一定距离站立。收到指令后，学生向前移动到墙角后，左右脚交替触碰墙壁各一次，完成后退到起始点继续出发触墙，如此反复，看谁在规定时间内完成触墙次数最多。可在墙壁上固定体操垫保护脚尖。（图 16-24）

5. 上跳下蹲

在墙壁上画两条平行线，一条线比学生高约 0.5m，另一条线在学生膝关节处，学生面对墙壁站好。开始后，学生向上跳起，两手轻拍高线，然后下蹲轻拍低线，如此一上一下为一组，反复进行若干组，最后看谁做得又快又稳或在规定时间内完成组数最多。（图 16-25）

建议：上线和下线位置可根据学生能力酌情调整。

图 16-25

6. 左右开弓

在墙壁一定高度处画两个间隔约 3m 的标志点，标志点高度以学生手可以触摸到为准，学生站在右侧，右手触摸右侧标志点。开始后，学生向左滑步，用左手触摸左侧标志点后，迅速移动到右侧并用右手触摸右侧标志点，如此反复进行，看谁完成规定次数用时最少。（图 16-26）

图 16-26

7. 左右髋蹬转

学生面对墙壁，两脚自然开立，两手扶墙，先用力抬起左大腿往右前方移动，转动髋关节将左脚落在右脚前约 45°，接着同样抬起右大腿，将右脚落在左脚前，如此左右转动髋关节，交替反复进行，每次练习 30 ~ 90s。

8. 摆腿

学生面向墙壁，两手扶墙，身体正对墙面，一腿直腿支撑，另一腿左右摆腿，要求摆动幅度不宜过小，尽量超过水平高度，发展髋关节灵活性。

（五）在安装简易器材中的运用

1. 固定篮筐

在适宜的墙壁上选择合理间距悬挂简易篮筐（图 16-27），可以缓解器材数量不足的问题，有效提升练习密度，提高课堂效率。

2. 固定单杠

选择坚固墙壁，安装引体向上装置，学生进行静止悬垂、引体向上等上肢力量练习。

3. 固定挂钩

图 16-27

在墙壁上安装挂钩，学生选择不同磅数的弹力带固定在挂钩上，进行各种抗阻力量练习。（图 16-28）

4. 作攀岩墙

在坚固墙壁上固定攀岩点（图 16-29）或攀岩整体板块（图 16-30），学生踩点完成攀岩练习。

建议：可在低攀岩墙下放置海绵包（体操垫）作缓冲垫，高攀岩墙可悬挂安全绳作为保护。

图 16-28　　　　　　　　　图 16-29　　　　　　　　　图 16-30

（六）体育文化墙

利用校园内的各种墙壁，建设中小学体育文化墙，这对于促进学生身心健康、培养学生的体育精神、推动校园文化多元化发展等具有重要的现实意义。我们可以合理运用校园文化墙，采用悬挂图示、标语、装饰，粘贴宣传牌（图16-31）、宣传海报或绘制涂鸦等多种形式，充分展示体育名人、奥运冠军、体育动作技术要领、体育运动名言警句等素材，也可以将学校的体育教学、社团活动、课余训练、竞赛活动等精彩瞬间一一呈现。这不仅能促进学生对体育相关知识的了解，还能营造积极向上、阳光健康的校园体育运动氛围。

图 16-31

十七、校园道路在体育教学中的运用

校园道路是校园环境的重要组成部分，是连接教学区、运动区、生活区等各大功能区的桥梁，犹如校园的"血管"。校园道路一般分为主干道、次干道、支道，常用路面材料包括水泥、青石板、沥青、石砖、鹅卵石等。校园道路作为校园交通的载体，主要用于师生或车辆通行。在此，我们开发校园道路的更多功能，以提升校园道路的使用率，让校园道路成为学校展示体育、文化的载体。

（一）在大课间活动中的运用

大课间活动是学校体育工作的重要组成部分。有些学校因为运动场地面积较小，无法同时容纳全校学生进行大课间活动，体育教师可以就近选择校园道路安排大课间活动，可将校园道路的大小干道（环校路线更佳）作为学生大课间锻炼身体的"阵地"，如在主干道跑操（图17-1）、支道跑操（图17-2），在主干道做广播操（图17-3）、韵律操、球操等。

图17-1　　　　　　　　图17-2　　　　　　　　图17-3

（二）在体育课堂教学中的运用

体育课是学校体育教育的基本形式。当前，中小学体育教学还存在"场地小、班级多、班额大"的现象。为此，体育教师要采取积极有效的措施，结合学校实际情况，最大限度地降低上述现象给体育教学带来的负面影响，充分利用校内的各种道路，并且结合多种活动形式，激发学生的学习兴趣。例如，在校园主干道和次干道进行热身慢跑（图17-4）、跳绳（图17-5）、接力跑、广播操和武术（图

17-6）等教学内容；也可在平坦的道路上进行一系列球类球性练习；还可在道路上画上立定跳远的成绩线，用于学生上课锻炼和平时的自我测试；等等。

图 17-4   图 17-5   图 17-6

（三）在课外体育活动中的运用

课外体育活动是学校体育工作的重要组成部分，是实现学校体育教学目标和任务的重要途径，是体育课的课外延伸。体育教师应根据学校场地的实际情况，因地制宜地利用校园主干道、次干道、支道来开展丰富多彩的课外体育活动。例如，在道路上设计跳格子（图 17-7）、跳房子（图 17-8）等地面游戏图案；在道路上进行骑三轮车（图 17-9）、滑滑板等练习；在鹅卵石小道上进行赤脚行走或有氧慢跑（图 17-10）；利用地面上原有的线条做"老鼠占窝""闯关"等游戏（图 17-11）；利用主干道、次干道、支道设计定向耐力跑项目（图 17-12）等。

图 17-7   图 17-8   图 17-9

图 17-10   图 17-11   图 17-12

（四）校园道路体育文化

校园道路贯穿整个学校，连接学校内部各个功能区块，是师生和其他校内人员在学校活动时无法避开的空间。校园道路除了基本功能外，还应结合学校自身的文化建设，在道路两边融入体育橱窗（图 17-13）、体育雕像（图 17-14）、体育标语等景观，或者将校园道路命名为"博学大道""拼搏路""健康路""梦想路"等，这样不仅使校园道路具有了使用功能、审美功能和教育功能，也打造了优美的学习环境和独具特色的校园文化。

图 17-13

图 17-14

十八、教学楼大厅、舞蹈室在体育教学中的运用

　　随着时代的发展，教学楼不再是单一的教学用地，还要充分考虑学生的日常生活，满足各项教学工作的现实需求。教学楼底层采用框架结构是一种发展趋势，可利用其形成的空旷的大厅组织各类小型的活动。舞蹈室内部有把杆、镜子、多媒体等设备，是学校舞蹈或体操兴趣小组进行训练或上课的主要场地。我们可以合理地运用教学楼大厅、舞蹈室进行体育教学活动，特别是当遇到雨雪或者高温天气室外无法正常开展体育教学时，这些场所就可以为体育教学提供别样的物质保障。

（一）在大课间活动中的运用

　　在遇到雨雪或者高温天气时，体育教师可以安排学生在教学楼大厅开展广播操（图 18-1）、体育游戏（图 18-2）等运动幅度较小的活动。

（二）在体育课堂教学中的运用

　　在遇到雨雪或者高温天气时，体育教师可以在教学楼大厅或舞蹈室开展运动幅度较小的体育项目教学，如跳绳（图 18-3）、健美操、武术等。

图 18-1　　　　　　　　　图 18-2　　　　　　　　　图 18-3

（三）在体能练习中的运用

1.辅助柔韧性练习

学生可借助舞蹈室的把杆或教学楼大厅的窗台进行压肩（图18-4）、压腿或压胯（图18-5）等拉伸练习，提升身体的柔韧性。

图18-4　　　　　　　　　　　　　图18-5

2.辅助体能练习

学生可利用舞蹈室或教学楼大厅空旷的空间进行体能训练，如平板支撑（图18-6）、坐位体前屈（图18-7）等。

 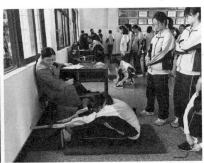

图18-6　　　　　　　　　　　　　图18-7

（四）在体育游戏中的运用

舞蹈室或教学楼大厅空间相对较小，体育教师可以安排一些以发展学生反应能力、注意力或力量等为主，活动范围较小的游戏，如击鼓传花等。

（五）作简易活动室

空阔的教学楼大厅不仅可以放置乒乓球桌进行乒乓球练习，也可以在横梁等高处悬挂摸高器进行摸高练习（图18-8），还可在墙壁上安装攀岩点进行攀岩练习（图18-9）。

图 18-8

图 18-9

（六）在学习、纠正技术动作中的运用

学生借助舞蹈室中的镜子或者教学楼大厅中的仪容镜，可以建立正确的动作表象，快速掌握动作技术要领，也可以进行错误动作的自我纠正，如在广播体操（图18-10）、健美操（图18-11）、跳绳（图18-12）等练习中的自我纠正。

图 18-10

图 18-11

图 18-12

十九、栏杆在体育教学中的运用

栏杆，是建筑、桥梁上的安全设施，起着分隔、导向、保护的作用。栏杆可分为节间式与连续式两种，节间式由立柱、扶手及横挡组成，扶手支撑在立柱上；连续式由扶手、栏杆柱及底座组成。栏杆的高度一般为 0.8 ~ 1.3m，栏杆柱的间距一般为 0.5 ~ 2m。栏杆在功能上可以分为安全防护栏杆、隔离栏杆、导向栏杆以及防盗栏杆，在材质上可以分为金属栏杆、木栏杆、竹栏杆、玻璃栏杆等。学校的栏杆主要用于隔断绿化带、校园与外界环境、看台与田径场等。在体育教学中，我们若能巧妙地将栏杆引入进来，使其成为一种特殊的"体育器材"，则能更好地助力体育教学。

（一）在体育技术教学中的运用

1. 篮球传球

学生两人一组，选择有高低落差的栏杆，保持一定距离，面对面分别站在栏杆两侧，以栏杆作限制物，进行双手胸前传球过栏杆的练习，体会蹬、伸、翻、拔的动作要领。（图 19-1）

2. 篮球投篮

学生两人一组，选择有高低落差的栏杆，保持一定距离，面对面分别站在栏杆两侧。低位学生持球向高位学生进行原地单手肩上投篮或原地双手胸前投篮练习，高位学生接球后传回，反复练习若干次后互换角色。（图 19-2）

图 19-1

图 19-2

3. 排球垫球

学生两人一组，选择有高低落差的栏杆，保持一定距离，面对面分别站在栏杆两侧。高位学生持球向低位学生抛球，低位学生通过移动将球垫回，高位学生接回球后再抛，反复练习若干次后互换角色。

图 19-3

注意在练习过程中体会排球的垫球动作要领：插、夹、抬、送。（图 19-3）

4. 排球传球

学生两人一组，选择有高低落差的栏杆，保持一定距离，面对面分别站在栏杆两侧，以栏杆作限制物，进行双手传球练习。（图 19-4）

5. 轻物投准

学生面对栏杆，站在距离栏杆适宜处，手持小沙包、羽毛球或塑料球等轻物，将轻物向栏杆抛出，使轻物刚好从栏杆的间隔中通过。（图 19-5）

图 19-4　　　　　图 19-5

6. 限制出手角度

学生选择较高栏杆，面对栏杆站在适宜处，以栏杆高度为限进行投掷实心球（图 19-6）、沙包等练习，改善出手角度过低的问题。

7. 成桥练习

学生背对栏杆，两脚开立，与肩同宽，身体后仰，两手扶在栏杆上，慢慢交替，向下移动，在保证安全的前提下，两手尽量靠近地面。（图 19-7）

图 19-6　　　　　图 19-7

（二）在体能练习中的运用

1. 高（低）姿俯卧撑

学生面对栏杆，两脚开立，与肩同宽，两手（两脚）放在栏杆上，进行高（低）姿俯卧撑练习，力量好的学生可以做击掌俯卧撑。（图 19-8 为高姿俯卧撑，图 19-9 为低姿俯卧撑）

2. 扶杆蹬伸

学生面对栏杆，两手正握扶手，两脚踩在栏杆底沿或横挡处，两臂伸直，屈膝全蹲，然后伸直两腿，再屈膝还原，反复练习若干次。（图 19-10）

图 19-8　　　　　　　图 19-9　　　　　　　图 19-10

3. 扶杆提踵

学生面对栏杆，两手正握扶手，两脚踩在栏杆底沿或横挡处进行提踵练习，每次保持 2 ~ 4s，再落回原位，反复练习若干次。

4. 抓杆移行

选择离地高度约 1m 的栏杆，学生面对栏杆，两手抓握栏杆扶手，两脚踩在栏杆底沿或横挡处，然后两脚、两手交替移行，从栏杆一端向另一端做横向移行。（图 19-11）

图 19-11

5. 俯卧支撑移行

选择两个相距 1 ~ 1.5m、离地高度小于 1m 的栏杆，学生两手支撑在一侧栏

杆扶手上面，两脚放在另一侧栏杆扶手上面，身体悬空，然后手脚并用，从栏杆一端向另一端做横向移行。（图19-12）

建议：若只有一侧栏杆，可以两人一组，一人两手撑在栏杆扶手上面，另一人将其两腿抬起进行练习。

图19-12

6. 支撑移行

选择离地高度约 1m 的栏杆，学生两手直臂支撑于栏杆扶手，身体离地，进行左右支撑移行，可发展学生的上肢力量。（图19-13）

图19-13

7. 抓杆倒立

学生面对栏杆站立，两手抓握栏杆扶手，两脚发力，慢慢上抬，从两手中间穿过并上举，让身体呈直线倒立状，坚持 5 ~ 30s。（图19-14）

建议：① 本练习适合力量素质较好者；② 练习时，教师或 1 ~ 2 名学生须在边上保护与帮助，栏杆下方的地面应放置保护垫。

8. 收腹举腿

学生背对栏杆蹲立，两手上举，抓握栏杆扶手，做收腹举腿，保持腿呈水平状停若干秒，然后慢慢放下，反复练习若干次。（图19-15）

图19-14

图19-15

建议：① 要求两脚抬离地面的高度适中；② 力量小者，可每次抬一条腿，两腿交替进行；③ 可进行抬腿比赛，看谁坚持时间长。

9. 左右蹬转

学生面对栏杆，两脚自然开立，两手抓握栏杆扶手，先用力抬起左大腿往右前

方移动，转动髋关节将左脚
落在右脚前约45°处，接
着抬起右大腿，将右脚落在
左前侧约45°处，左右脚
交替反复进行，每次练习
30 ~ 90s。（图 19-16）

图 19-16

10. 支撑高抬腿

学生面对栏杆约一臂
距离，两脚自然开立，两
臂伸直，支撑于栏杆上，
身体微前倾，进行高抬腿
练习。

图 19-17   图 19-18

11. 压腿练习

学生面对栏杆站
立，进行正压腿（图 19-
17）、侧压腿（图 19-
18）等练习。

12. 压肩练习

学生离开栏杆一定距
离，面（背）对栏杆站立，进行正（反）向压肩练习，提
升肩关节柔韧性。（图 19-19 为正压肩，图 19-20 为反压肩）

图 19-19   图 19-20

13. 小腿后勾练习

学生背对栏杆站立，并离栏杆一定距离，向后抬起一
只脚并将脚背放在栏杆上，上身慢慢后倾，体会大腿前侧
肌肉群拉伸的感觉，坚持约 30s 秒后换脚。（图 19-21）

14. 无影手

学生面对栏杆站立，两手交替从栏杆的第一格快速插

图 19-21

掌、冲拳或插勾等，依次进行到最后一格，身体也随之移动，看谁又快又准。（图 19-22）

建议：此练习的栏杆立柱间距要大于拳头，练习时注意力要集中。

15. 无影脚

学生面对栏杆站立，选择相连

图 19-22　　　　　　图 19-23

的两条栏杆空当，原地做直腿前踢动作，两脚交替伸进栏杆空当，能力好的学生可以挑战从栏杆的第一格依次踢到最后一格，看谁又快又准。（图 19-23）

建议：此练习的栏杆立柱间距要大于脚宽，练习时注意力要集中。

（三）拓展运用

1. 固定弹力带

将弹力带一端固定在栏杆上，另一端系在相关练习部位，学生可进行抗阻高抬腿（图 19-24）、仰卧起坐、摆臂等练习。

2. 固定教学挂图

将课堂教学所需的挂图、学练任务等固定在栏杆上，进行教学展示，有利于学生观察和学习。（图 19-25）

3. 固定攀岩墙

将攀岩整体板块安装在一楼栏杆处，学生可在课内课外进行横向移动攀岩练习。（图 19-26）

图 19-24　　　　　　图 19-25　　　　　　图 19-26

二十、窗台在体育教学中的运用

窗台是指托着窗框的平面部分，常由水泥、瓷砖、大理石、花岗石、人造石等材质铺成，一般长 1 ~ 4m，宽 0.1 ~ 0.5m，离地 0.8 ~ 1.2m。在校园中，窗台较为常见，如教室、走廊、大厅、体育馆、器材室等都有窗台。若将窗台进行适当的开发，则可使其成为特殊的"体育器材"，且特别适用于雨雪天等无法正常开展体育活动的天气。由于窗台有棱角，学生在做各种支撑和柔韧性练习时要注意安全。

（一）在体能练习中的运用

1. 高（低）姿俯卧撑

学生面（背）对窗台站立，双手（两脚）撑在窗台上，做高（低）姿俯卧撑练习，练习若干次（图 20-1）。

拓展：

（1）做高姿俯卧撑时，可双手离开窗台后击掌一次或多次，再做俯卧撑。

（2）可以一手支撑、一手与同伴进行石头剪刀布的游戏。

（3）可以手撑在窗台，然后手脚并用，进行左右移动。

图 20-1

2. 侧身支撑

学生侧对窗台站立，单手撑在窗台上，手臂伸直，然后两脚向外移动，直到手臂与躯干成 90°，保持稳定，看谁支撑时间久。（图 20-2）

图 20-2

拓展：

（1）支撑时可以做肘关节屈伸运动。

（2）可以一手支撑、一手与同伴进行石头剪刀布的游戏。

3. 直臂悬空支撑

学生双手撑在窗台上，与肩同宽，两脚用力蹬地，身体悬空，每次坚持 30 ~ 60s，每组 5 ~ 6 次。（图 20-3）

拓展：

（1）支撑时，身体可左右摆动或两脚做开合动作。

（2）双手在窗台交替左右来回移动。

（3）手臂力量强的学生还可以一手支撑、一手与同伴进行石头剪刀布的游戏。

图 20-3

4. 屈臂悬挂

学生背对窗台，屈膝下蹲，双手与肩同宽，挂在窗台上，慢慢抬脚离开地面，每次坚持 20 ~ 60s，每组 3 ~ 5 次。（图 20-4）

拓展：

（1）悬挂时，两腿可做屈伸或开合动作，以增加练习难度和趣味性。

（2）用高窗台练习时，学生可正对窗台，双手抓握窗台，进行小腿后勾练习。

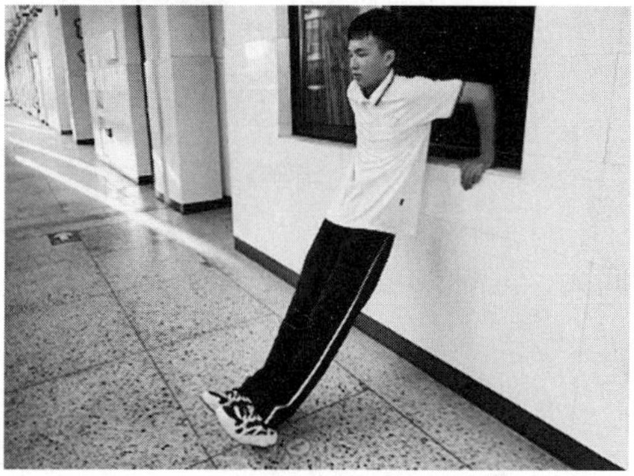

图 20-4

5. 反向支撑

学生背对窗台站立，双手撑在窗台上，手臂伸直，然后两脚向外移动，直到手臂与躯干约成 90°做直臂支撑，也可等身体稳定后屈臂，尽量保持上臂与前臂成 90°做曲臂支撑，每次坚持 20 ~ 30s。（图 20-5）

图 20-5

拓展：

（1）反向支撑时，可以全脚掌着地，拉伸腿部前侧肌肉。

（2）可以脚跟着地，拉伸腿部后侧肌肉。

（3）可以单、双脚进行交替支撑练习。

（4）可以背对窗台，双手支撑身体悬空。

6. 扶窗台提踵

学生面对窗台，双手扶在窗台上，进行提踵练习，每次坚持 2 ~ 3s，练习时不宜过快，每组提踵 15 ~ 30 次。（图 20-6）

图 20-6

拓展：

（1）可以进行单脚提踵练习。

（2）可以进行左右脚交替提踵练习。

（3）可以在保证身体直立的情况下，脚跟着地，脚尖抬起。

7. 扶窗台后蹬跑

学生面对窗台，保持一臂距离，双手扶在窗台上，身体微前倾，进行扶窗台后蹬跑练习。（图 20-7）

8. 柔韧素质练习

学生面对窗台进行正压腿（图 20-8）、侧压腿、背向压腿（图 20-9）、正向压肩（图 20-10）、反向压肩等柔韧素质练习。

图 20-7　　　　　　图 20-8　　　　　　图 20-9　　　　　　图 20-10

（二）拓展运用

1. 悬崖停靠

学生手持沙包站在离窗台适宜距离处，将沙包抛向悬崖（窗台），力争将沙包停留在窗台平面上，看谁的沙包停靠在窗台上的个数多。可进行个人赛或团队赛（图20-11）。

图 20-11

2. 窗台保龄球

将若干个塑料瓶并排放在窗台上，学生站在离窗台适宜距离处，用手中的纸球或沙包抛向瓶子，看谁击倒的瓶子多。可进行个人赛或团队赛。（图20-12）

3. 推推乐

选取窗台一块区域为推行区，其余为滑行区，学生手持一个瓶盖，放置于推行区，

图 20-12

在推行区内用力把瓶盖向前推，最后丈量瓶盖的滑行距离。可以组织双人赛，采用"冰壶"玩法，最后看谁的"冰壶"未被击落。

二十一、立柱在体育教学中的运用

一般的建筑都会有立柱，校园内的立柱常见于教学楼大厅、迎门厅以及学校文化长廊等处。立柱有方有圆、有粗有细、有高有低，表面多用涂料喷刷或贴墙面砖。我们只要巧加利用，立柱也会成为一件可爱的"体育器材"，能够很好地运用在体能练习中。

（一）在体能练习中的运用

1. 靠柱静蹲

学生背靠立柱进行靠柱静蹲练习，练习时背部紧贴柱子，上体与大腿、大腿与小腿约成 90°，膝关节不能超过脚尖。该练习主要发展学生的腿部力量，提高学生的腿部肌肉耐力，也可作为一般性膝关节康复训练。（图 21-1 为方柱，图 21-2 为圆柱）

2. 负重扶柱蹲起

学生两人一组，辅助者坐在练习者的肩部，手扶立柱，练习者上体挺直，两眼平视前方，两脚略比肩宽，做扶柱屈膝半蹲或全蹲练习，完成规定次数后两者交换位置。该练习主要发展学生的腿部和腰腹部力量，增强学生的爆发力。（图 21-3）

图 21-1 　　　　　　　　图 21-2 　　　　　　　　图 21-3

3. 单腿扶柱蹲起

学生身体直立，以左腿为支撑腿，右手扶立柱，右腿离地，向前抬起，支撑腿（左腿）做蹲起，完成规定次数后左右腿互换。该练习主要发展学生的下肢力量和身体平衡能力。（图 21-4）

4. 大力神掌

学生双手扶立柱，身体前倾，两脚一前一后站立，前侧腿弯曲，后侧腿伸直，脚跟着地，双手推

图 21-4

立柱，同时腹部和臀部收紧发力，后侧腿的膝关节、脚腕后侧伸展绷直，推立柱时脚跟不动。在规定时间内完成规定次数后，左右腿前后位置交换。该练习主要发展学生的臀部和腿部力量。（图 21-5）

5. 抱柱

学生两手抱住粗立柱（图 21-6）或细立柱（图 21-7），保持身体悬空状，完成规定时间后换人。粗立柱比细立柱难度大，该练习主要发展学生的全身力量，并发展学生身体的柔韧素质和控制能力。

图 21-5   图 21-6   图 21-7

6. 扶柱后蹬跑

学生双手抵住立柱，身体前倾，两脚前脚掌着地，快速交替抬腿，抬腿时膝关节抬至腹部，勾起脚尖，保持躯干稳定。该练习主要发展学生髋关节、膝关节和踝关节的灵活度，锻炼学生的下肢力量，提高学生跑步时的步频和步幅。

（二）拓展运用

1. 作篮筐的支架

在立柱上固定篮筐，缓解小场地多器材摆放的困难，增加学生的练习频率，提高课堂教学效率。（图 21-8）

2. 作障碍物

将立柱当作障碍物，进行篮球变向运球练习、足球绕杆练习、徒手或者带物的障碍跑练习，还可以作为捉迷藏时的遮挡物。（图 21-9）

图 21-8　　　　　图 21-9

3. 作球类迷你练习墙

（1）篮球迷你练习墙：有一定篮球基础的学生面对柱子进行传接球（图 21-10）和投篮（图 21-11）等练习。

图 21-10

（2）足球迷你练习墙：有一定足球基础的学生面对柱子进行传接球、踢准等练习。（图 21-12）

（3）排球迷你练习墙：有一定排球基础的学生面对柱子（最好用方柱）进行传垫球练习，提升传垫球的准确性和稳定性。（图 21-13）

图 21-11　　　　　　　　图 21-12　　　　　　　　图 21-13

4. 作投掷靶

用胶带在立柱的不同高度上做标记，学生进行投掷高度或者准度的练习。

5. 作球门

选取两根间距较小的立柱作为足球门来使用，进行足球射门练习。

6. 作摸高柱

在柱子上标记出高度，学生原地跳起摸柱子，看谁摸得高。

7. 作固定柱

将弹力带或拔河绳等绑在柱子上进行各种力量练习，如弹力带的拉伸练习、拔河绳的抖绳练习等。

8. 作体育文化柱

可根据立柱的尺寸定制海报，并用海报覆盖立柱。海报内容可以是国家学生体质健康测试标准、各种技术动作的图示及讲解、体育明星的故事等。

二十二、树木在体育教学中的运用

树木是校园基础设施建设的重要组成部分，是校园整体面貌和环境特色的重要体现。树木主要由树根、树干、树枝、树叶等部分组成，校园树木大部分高5～8m，树干直径20～50cm。树木除美化环境、净化空气外，还可作为体育教学和锻炼的辅助工具。为了保护树木，练习时，建议使用树干直径在15cm以上的树木。

（一）树干在体育教学中的运用

1.作目标物

将树干作为目标物，学生对着树干进行投准或足球踢准练习，提高投掷或足球踢准的准确度，也可以在树干上做出不同高度的标志，进行相关练习，提升练习难度。（图22-1）

2.作标志物或固定物

（1）将树干作为标志杆，学生进行绕树运球（图22-2）、绕树托球跑、绕树单脚跳等练习或比赛，提高学生的运球和跳跃能力。

图22-1   图22-2

（2）在树干上固定篮圈（筐），学生可进行篮球项目的相关练习或比赛。（图22-3）

（3）将树干当作辅助，学生进行扶树负重蹲起（图22-4）、双手推树等练习。

图 22-3   图 22-4

（4）选择合适的树干固定好弹力带或拔河绳，学生用弹力带做后蹬跑（图22-5）、上肢拉伸（图22-6）、腿部力量练习，用拔河绳做抖绳等上肢力量练习。

图 22-5   图 22-6

（5）在两树间横绳上拴上呼啦圈，学生进行各种传接球、垫球或投掷等练习。（图22-7）

（6）将相距4～5m的两棵树作足球门，学生进行各种踢法的射门练习。

（7）在树与树之间拉上高低不等的横绳，学生进行球类的传接球、排球的垫球等练习，在提高技术的同时增加了趣味性和挑战性。

（8）在进行校园定向时，可以将树木作为打卡点并悬挂点标旗。（图22-8）

3. 作单杠立柱

在树与树之间绑上木棍，学生在木棍上进行引体向上、斜身引体（图22-9）、跳上支撑（图22-10）、悬垂（图22-11）、高低姿俯卧撑（图22-12、图22-13）等练习。

图 22-7

图 22-8

图 22-9

图 22-10

图 22-11

图 22-12

图 22-13

4. 作拉伸杠

学生扶树干或借助树与树之间绑的木棍进行正压腿（图 22-14）、后压腿、侧压腿、压肩等练习。

5. 作手靶、脚靶

用小体操垫将树干包起来当作手靶（图 22-15）或脚靶（图 22-16），学生进行一些简单击打或踢腿练习。

图 22-14

图 22-15

图 22-16

6. 猴子爬树

在树下放置若干个保护垫，学生学猴子顺着树干向上爬，提高学生的攀爬能力、肌肉耐力和身体的协调能力；也可以将竹竿固定在树干上进行爬杆练习。（图 22-17）

7. 考拉抱树

学生双手抱住树干，双脚离开地面，做考拉抱树动作，在提高学生积

图 22-17　　　　　图 22-18

极性和趣味性的同时锻炼学生的上肢力量。可以根据抱住时间的长短设置个人赛或团队赛。（图 22-18）

（二）树枝在体育教学中的运用

1. 树枝平衡

取两根长度适中的枯树枝，学生手握一根树枝的一端，将另一根树枝放在手握树枝上面，尽量使其平衡不掉落，保持时间久者为胜。可变换树枝重量，提高练习效果；也可以进行个人赛或团队赛。（图 22-19）

图 22-19　　　　　图 22-20

2. 挑树枝

取两根长度适中的枯树枝，学生手握一根树枝的一端，然后用手握树枝将另一根树枝连续向上挑起，想方设法不让其落地，看谁的树枝在空中滞留时间最长。（图 22-20）

3. 跳树枝

取长度适中的枯树枝若干，在地面上摆成规定的图形，学生进行单脚跳、双脚跳、十字跳、跳房子等练习。

4. 步调一致

取两根长度适中的枯树枝，学生两人前后站立，两人分别手握树枝的两端，同时向前做走或跑练习，要求步调一致。

5. 木质体育器材

选取长度适中的枯树枝，将枯树枝做成接力棒、体操棒或者木楔子等体育器材，辅助体育教学。

6. 悬挂摸高

学生站在树下进行摸相应高度的树枝练习，也可以在树枝上悬挂不同高度的标志物，学生原地起跳或助跑起跳，进行触碰标志物的练习。（图 22-21）

图 22-21

（三）树叶在体育教学中的运用

1. 春种秋收

学生两人一组，每组第一人手持树叶，跑到呼啦圈处并将树叶放到呼啦圈里，跑回起点后与下一人接力，下一人跑向呼啦圈收回树叶返回起点，看哪组先完成接力赛。（图 22-22）

图 22-22

2. 托树叶跑

学生将树叶放在乒乓球拍上，听到口令后，托着树叶快速向前跑，中途树叶不能落地，到折返点后返回起点，先完成且不违反规则者为胜，也可采取小组接力形式进行。（图 22-23）

3. 吹树叶

选取 3m 长度的赛道，学生选择几片大小相似的枯树叶放在干净的地面或室

图 22-23

内地板上，用嘴吹动树叶，最先吹过终点者胜出。（图22-24）

图22-24

4. 扇树叶

选取几片大小相似的枯树叶，分散在起点线上，每人手持一块小体操垫（或泡沫地垫、扇子、报纸、书本等物体）站在一片树叶后面。发令后，学生扇动小体操垫，使自己的树叶向前舞动，树叶先达到终点者为胜。（图22-25）

5. 摸树叶

学生根据自己的身高和跳跃能力，找一片高度适宜的树叶作为摸高点，进行单脚、双脚、原地或行进间起跳触摸树叶练习，练习时不得将树叶摘下。（图22-26）

图22-25

6. 夹树叶跳

学生将树叶夹在两膝或两脚之间进行双脚跳跃练习，可进行单人、集体或接力比赛。（图22-27）

7. 辅助前滚翻

学生将树叶夹在两腿膝关节内侧做前滚翻练习，能有效纠正在前滚翻时分腿的错误动作。

图22-26

图22-27

二十三、校园休闲凳在体育教学中的运用

校园休闲凳是学校为师生享受闲暇时光而设置的纳凉、休憩用的凳子。其主要安装在户外绿化带、道路、花园等处，且大多造型新颖，美观大方，一般以麻石、大理石、木材、不锈钢、水泥等材料制成。在体育教学中合理利用校园休闲凳，会有意想不到的收获。

（一）在体育技术教学中的运用

1. 足球踢球技术练习

学生运用脚内侧、脚背内侧、脚背正面和脚背外侧踢球等多种技术，将足球踢向水泥凳，让球反弹回来，反复练习若干次，巩固踢球技术。（图 23-1）

图 23-1

2. 篮球球性练习

（1）学生站在地面（图 23-2）或者在注意安全的前提下站在凳子（水泥等坚固材质制成）上（图 23-3），将球运在凳子上或两侧，巩固控球能力。

（2）学生站在面向凳子的地面上，用凳子作障碍物练习体前变向运球动作（图 23-4）；也可以单手在凳子两侧交替运球（图 23-5）。

图 23-2　　　　　图 23-3　　　　　图 23-4　　　　　图 23-5

3. 成桥练习

在凳子上铺上小体操垫，学生横向仰卧在凳子上，腰背部贴在凳面上，然后手脚着地，慢慢抬起身体，让身体离开凳子成桥。

4. 辅助后手翻练习

学生两人一组，在凳子上铺上小体操垫，练习者躺在凳子上，上体悬空并用手撑于地面，另一人辅助练习者完成后手翻练习，待熟练后可独立完成该练习。

（二）在体能练习中的运用

1. 高（低）姿俯卧撑

学生双手或双脚放在凳子上，进行高姿俯卧撑（图 23-6）或低姿俯卧撑（图 23-7）练习。

建议：学生可先俯撑

图 23-6　　　　　　　　图 23-7

在凳子一端，然后俯撑移行到另一端或左右来回移动。

2. 仰卧举腿

学生仰卧在凳子上，两臂伸直，双手抓住凳子两侧，上体固定不动，两腿伸直上举，与身体成 90° 后还原至初始状态，循环进行。（图 23-8）

图 23-8　　　　　　　　图 23-9

3. 背起练习

学生两人一组，练习者俯卧在凳子上，上体躯干超出凳子，悬空进行背起练习，辅助者帮忙按住练习者的踝关节。（图 23-9）

4. 台阶测试或练习

学生选择适宜高度的凳子进行台阶测试或练习。

5. 跳高台

学生面向凳子（水泥等坚固材质制成）站立，进行双脚跳上或跳下的练习，

图 23-10   图 23-11

反复练习若干次；也可以选择进行纵跳、单脚跳等练习。（图 23-10）

6. 弓步跳

学生选择合适高度的凳子（水泥等坚固材质制成），一只脚踩在凳子上，另一只脚在地上成弓步，进行弓步跳练习。该练习主要发展学生的腿部力量，增强髋关节的灵活性。（图 23-11）

7. 扶凳登山跑

学生手扶凳子（水泥等坚固材质制成）进行斜身登山跑练习，以发展核心力量。（图 23-12）

8. 坐姿自行车

学生坐在凳子上，将两腿向上抬起，两腿与地面约成 60°，然后进行空中蹬车练习。

图 23-12

9. 拉伸台

学生一脚撑地，另一脚的脚跟放在凳子上面，进行腿部的拉伸练习；也可以站立于凳子上，进行站立体前屈等练习。

10. 脚掌站凳

学生前脚掌站立于凳子上，脚跟部分悬空，静止站立，以发展腿部力量和平衡能力。

（三）在体育游戏中的运用

1. 椅式保龄球

学生持球站在凳子一端的地面上，在凳子另一端放置标志筒或矿泉水瓶等目

标物,将凳子当作保龄球的球道,用球去击打目标物。(图23-13)

2. 左右移行

选取一张长凳或并排多张凳子,在凳子两端各放置一个标志物。学生面对凳子站于凳子一侧,同侧手触及边上标志物。收到指令后,学生向另一侧滑步或交叉步移动,用同侧手触及标志物后返回,如此往返若干次。(图23-14)

3. 绕凳追逐

甲、乙两人一组,分别站在凳子两侧准备。收到指令后,甲追乙,要求练习过程中,不得从凳子上跨过,只能绕着凳子进行追逐,在规定时间内看甲能否追到乙,被追到者进行若干个简单体能练习。然后交换角色,继续游戏。

4. 推推乐

学生各持一本书,将书本放在凳子一端并让部分书本悬空,用适宜力度推出书本,看谁的书本推得最远且未落地。负者根据之前的约定做一些简单体能练习。(图23-15)

5. 作乒乓球桌

选取没有间隙的石凳,在中间放上一根树枝作乒乓球网,学生两人一组进行打乒乓球练习或比赛。

图 23-13

图 23-14

图 23-15

二十四、小斜坡（山坡）在体育教学中的运用

斜坡是指地面线与水平面成一定夹角的地貌区，夹角一般为 10°～30°，包括自然斜坡和人工坡两种。在体育教学中合理运用小斜坡（山坡），能够提高学生的练习兴趣和参与度，也能够使一些传统的练习方法取得更好的练习效果。

（一）在田径教学中的运用

1. 上坡跑

学生在坡脚向坡顶快速跑，身体会比在平地跑更加前倾，跑动时须大腿高抬，小腿主动下压，用前脚掌着地。坡度在 20° 以内，循序渐进地增加步频；坡度超过 20°，降低步频，适度增加步幅。该练习主要发展腿部力量，练习过程中根据坡道长短和学生体能，合理安排运动量。（图 24-1）

图 24-1

2. 下坡跑

学生由坡顶开始向坡脚做惯性跑或加速跑练习，利用坡度推动，获得最高速度，学生要小步幅、快步频，发展步频及核心稳定性。（图 24-2）

图 24-2

3. 投掷实心球

在坡脚画一条直线作为投掷线，学生手持实心球站在投掷线后，向山坡进行投掷练习。实心球落地后，就会自动滚落回来，不仅能快速捡球，还可纠正学生投掷练习中出手角度过低的问题；也可以在投掷前沿到坡顶设置不同距离的标志物，使之作为投掷远度标志，提高练习效率和练习兴趣。（图 24-3）

建议：若为水泥地面，可以用实心球代替铅

图 24-3

球进行投掷练习；若为草坪地面，可直接进行投掷铅球练习（图 24-4）。

4. 上坡蛙跳

学生自坡下向坡上进行蛙跳练习。该练习主要发展学生的下肢力量，纠正在立定跳远过程中部分学生起跳角度小的问题。（图 24-5）

图 24-4　　　　　　　　　　　图 24-5

（二）在球类教学中的运用

1. 篮球传球

学生站在坡下，面对山坡，进行篮球双手胸前传球练习，球可以借助山坡的坡度滚落到学生脚下，减少捡球时间，提高练习效率。（图 24-6）

2. 排球发球

学生站在坡下，面对山坡，进行排球发球练习，球可以借助山坡的坡度滚落到学生脚下，减少捡球时间，提高练习效率。（图 24-7）

图 24-6　　　　　　　　　　　图 24-7

3.足球传球、射门

学生站在坡下，面对山坡，进行足球脚内侧、脚外侧传球及射门等练习，球可以借助山坡的坡度滚落到学生脚下，减少捡球时间，提高练习效率。（图24-8）

图24-8

（三）在体能练习中的运用

1.腹部肌群练习

将小体操垫铺在坡面上，学生头朝坡顶躺在垫上，进行仰卧举腿（图24-9）、双腿交换举腿、仰卧起坐等练习。力量稍弱者可脚朝坡顶进行练习。

2.斜坡拖重物跑

学生将绳子一端拴着旧车胎或树木等重物，另一端拿在手上或斜挎在肩上向山坡上跑。该练习主要发展学生的心肺功能、无氧耐力、腿部及核心力量。（图24-10）

图24-9

3.翻轮胎

根据学生能力选择大小适宜的轮胎，学生从坡脚向坡顶翻轮胎，以发展上下肢力量及爆发力。

图24-10

4.上坡骑行

选取适宜的坡度，学生进行上坡骑行，锻炼下肢力量。

（四）在体育游戏中的运用

1.斜坡保龄球

在斜坡底部设置起点线，在离起点线适宜距离处的坡上放置一定数量的标志筒或矿泉水瓶,用实心球、篮球、排球、足球、网球等代替保龄球。学生进行抛球上坡的斜坡保龄球练习,坡上标志筒的数量越多,难度系数越小。得分按击倒的标志筒数量计算,击倒一个得1分,也可以进行小组赛。该练习主要发展学生的身体协调性。学生通过游戏娱乐,可以放松身心,缓解学习压力,促进身心健康发展。(图24-11)

图 24-11

2. 滚翻练习

在做好准备活动的前提下,可以借助小坡的角度进行前(后)滚翻的辅助教学和趣味娱乐游戏。

选择坡度约20°的小坡,在坡上铺好小体操垫。学生面(背)向坡脚做前滚翻(图24-12)或后滚翻(图24-13)练习。要求练习时有人保护,滚翻个数由少到多。

3. 滑滑乐

在保证安全的前提下,学生利用山坡光滑斜面或台阶边斜坡,进行滑滑梯游戏;或者坐在自制的简易无轮滑板上,从坡顶向下滑行。(图24-14)

图 24-12   图 24-13   图 24-14

二十五、积水（水）在体育教学中的运用

当前，大部分学校的运动场地都是露天的，下雨后的运动场地难免会出现局部积水的情况，影响正常的体育教学。体育教师可以对积水（水）进行设计，将其运用到体育教学中，使其发挥教学功能，激发学生的练习兴趣。

（一）积水在球类教学中的运用

1. 水上传球

选择合适宽度的积水，两名学生分别站在积水两侧，进行篮球传接球、排球传垫球等练习。要求球和人都不要碰到水，锻炼学生的传接球能力，提高传接球的准确性。（图25-1）

图 25-1

2. 沿水运球

学生持球（篮球或足球）沿积水外围运球，要求运球时尽量靠近积水，但不得沾水，以发展控球能力。（图25-2）

3. 原地体前换手运球

学生选择合适宽度的积水，进行原地体前换

图 25-2

手运球练习，练习中可根据积水形状适时调整运球的动作。也可以单手运球，让篮球落点在积水两侧来回移动，提高控球能力。（图25-3）

图 25-3

4. 行进间体前变向换手运球

学生可以将合适宽度的积水当作防守人，通过体前变向换手运球动作，摆脱防守人。要求球和人不能碰水。（图25-4）

5. 运球跨越积水

学生选择合适宽度的积水，做人和球同时跨越积水的运球练习，选择的积水跨越面不宜过大，防止滑倒。（图25-5）

图25-4　　　　　　　　图25-5

（二）积水在体能练习中的运用

1. 水中站桩

学生选择合适的积水区域，放上砖块或长木头，进行金鸡独立计时赛或踩木头行走等练习，以发展平衡能力。

2. 水边慢跑

学生自主选择积水区域，可以沿一个积水圈或多个积水圈慢跑，以发展有氧耐力，并增强耐力跑的趣味性。（图25-6）

图25-6

3. 双脚跳跃

学生根据自身能力，选择合适的积水区域，进行双脚跳跃，体验越过水面的感受。此法可增加跳跃的趣味性。（图25-7）

图25-7

4. 单、双脚左右跳

学生选择合适的积水区域，在积水区域进行单脚跳（图25-8）、双脚跳（图25-9）、左右横跳等练习，以发展下肢力量，提升

图25-8　　　　　　　　图25-9

上下肢协调性。

5.跨越溪沟

学生根据自己的跳跃能力，选择合适的积水区域，进行行进间的连续跨越积水区域的练习。（图25-10）

6.水上吹轻物

学生选择有一定深度的积水区域，将树叶（图25-11）、自制纸船（图25-12）等轻物放在水面上，用力将其吹远，以发展肺活量。

图25-10　　　　　　　图25-11　　　　　　　图25-12

7.水上俯卧撑

选择合适的积水区域，学生将四肢分别放在积水的前端与后方，躯干位置在积水区域上方，做俯卧撑练习，体验水上俯卧撑的感受，锻炼上肢和核心力量。（图25-13）

8.打水漂

选择有一定深度且面积较大的积水区域，学生用薄石片进行打水漂练习，看谁打的个数多。（图25-14）

图25-13　　　　　　　图25-14

9.螃蟹爬

选择合适的积水区域，学生将四肢分别放在积水的前端与后方，进行横向爬行，爬过积水区域。

（三）水在课外体育活动中的运用

课外体育活动是学校体育工作的重要组成部分，是实现学校体育目标和任务的重要途径，是体育课的课外延伸。水是非常容易获得的物品，也是学生熟悉的物品，可通过设计将水运用到课外体育活动中，提升学生的运动兴趣，发展学生的运动能力。

1. 杯水一战

在平地上画两条相距约 20m 的平行线作起、终点线，在起点处放置若干个装满水的水桶，在终点处放置若干个塑料量筒。每队 5 ～ 20 人，每人手持 1 只 20~100mL 的杯子站在终点处。发令后，所有队员用杯子从起点处的水桶里舀水，然后跑到终点将杯子中的水倒入量筒，如此反复进行，在规定的时间内，看哪队运水最多。要求只能用杯子运水，不得用手捂盖杯口。也可采用接力形式进行。（图 25-15、图 25-16）

2. 水气球

在一处宽敞的活动场地，往气球中装 0.5 ～ 1L 的水，并扎好口。学生两人一组，相距 1.5 ～ 3m 面对面站立，相互来回抛接水气球，在规定时间内抛接次数最多的组为胜。（图 25-17）

图 25-15　　　　　　　　　图 25-16　　　　　　　　　图 25-17

建议：此活动适宜在天气炎热时开展，也可以多人抛接传送水气球。

二十六、护栏网在体育教学中的运用

护栏网又称防护网、隔离网，主要材质为镀锌钢管，外喷胶漆，主要用于隔离各区域。学校的护栏网有双边丝护栏网、双圈护栏网、波浪形护栏网等，网孔规格一般为 5cm×5cm，高一般为 4m。护栏网在学校中常见于篮球场、足球场、田径场等。在体育教学中合理地利用护栏网，会有意想不到的收获。

（一）在田径教学中的运用

1.蹲踞式起跑

学生两脚前后分开，背对护栏网并下蹲，将后脚前脚掌抵在护栏网上，当听到"跑"的口令后，后脚用力蹬护栏网，快速向前跑出，借此来练习起跑时的后蹬动作。（图 26-1）

图 26-1

2.支撑高抬腿

学生面对护栏网站立，双手扶住护栏网，身体微前倾，进行高抬腿练习。（图 26-2）

3.摆腿

学生面对（侧对）护栏网站立，一腿支撑，另一腿根据其与护栏网的位置选择向前、后、左、右进行摆腿练习，让腿部肌肉和关节充分伸展，降低运动损伤概率，同时增强关节肌肉力量。（图 26-3）

图 26-2　　　　图 26-3

4.跨栏跑

学生在护栏网前合适距离摆好栏架，面对栏架站立，摆动腿积极主动抬伸、下压，蹬在护栏网上，改善摆动腿主动攻栏技术，发展腿部力量。（图 26-4）

图 26-4

5. 投掷蹬转练习

将弹力带的一端固定在护栏网上，学生手握另一端或将另一端固定在手臂上，侧对护栏网站立，进行投掷标枪（铅球、铁饼等）的蹬转练习，体会蹬伸腿的蹬地转体发力过程。（图 26-5）

图 26-5

（二）在体能练习中的运用

1. 辅助柔韧练习

学生可借助护栏网的卡接处或网眼处，进行压肩（图 26-6）、正压腿（图 26-7）、侧压腿等柔韧练习，充分拉伸肌肉，发展柔韧素质。

图 26-6

图 26-7

2. 辅助上肢力量练习

（1）弹力带练习。

将弹力带的一端固定在护栏网上，学生手握另一端或将另一端固定在手臂（图 26-8）、腿部（图 26-9）、腰部等部位，进行各种拉伸弹力带的力量练习。可根据学生能力增加弹力带的数量。

图 26-8

图 26-9

（2）引体向上。

学生在同伴的保护与帮助下，选择牢固的护栏网横杆进行引体向上练习。（图 26-10）

（3）靠网倒立。

学生在同伴的保护与帮助下，

图 26-10

图 26-11

进行手倒立或靠网倒立练习，能力突出者还可进行屈臂伸练习。（图 26-11）

3.辅助下肢力量练习

甲、乙两人一组，甲面对护栏网站立，两手抓扶护栏网，乙坐在甲的肩上，然后甲做负重蹲起（图26-12）；学生也可以背靠护栏网立柱或护栏网做静蹲（图26-13）等练习。

4.摸高练习

学生在护栏网前进行原地或上步的纵跳摸高练习，要求除手之外身体其他部位不能触网。（图26-14）

图26-12　　　　　图26-13　　　　　图26-14

（三）拓展运用

1.悬挂教具

护栏网在体育场边，可以悬挂教学用图（图26-15）、体育文化板（图26-16），固定简易篮筐（图26-17）等。

图26-15　　　　　图26-16　　　　　图26-17

2. 作固定柱或限制网

护栏网可代替固定柱，用于固定橡皮筋的一端，另一端可固定在标志筒上，形成一定高度的障碍物，学生进行跳跃练习（图26-18），以此提高练习密度；可用护栏网拉三角旗（图26-19），拉教学用线（排球网等），做篮球、排球、羽毛球等运动的限制网。

图 26-18   图 26-19

3. 技术辅助

借助护栏网栏高或在两个护栏网中间拉教学用线，纠正投掷角度过低的问题；还可以当作球类的练习网或球门，学生可以进行排球传垫球、足球传接球或射门和篮球投篮（图26-20）或传接球等练习。

图 26-20

4. 投准练习

选取护栏网上一个网眼作目标筐，学生手持筷子或飞镖站在约3m处，对目标筐进行投准练习，模拟飞镖练习，也可以进行比赛。为保证安全和避免投掷物穿越网眼，应在护栏网后面适宜处设置遮挡物。

二十七、冰雪场地在体育教学中的运用

冰雪场地是指在特定环境和天气下形成的天然场地，我国的北纬35°往北地区每年降雪多，很多学校里也有滑冰场，便于开展冰雪运动。南方地区虽然平均气温高、降雪少，但也可充分利用降雪天气开展相关活动。在体育教学中充分利用天然冰雪场地，可以让学生体验不一样的运动乐趣。

（一）雪地在体育教学中的运用

1.雪地体育课和大课间

在大雪之后的田径场，可以进行体育教学（图27-1），开展适宜雪地的活动项目，还可以组织雪地跑操（图27-2），为阳光体育运动搭建新平台，全体师生齐参与，在运动中体验快乐。

图27-1

2.运动项目雪上体验

选取一块平坦的雪地，进行拔河（图27-3）、足球（图27-4、图27-5）、气排球等运动项目的教学或比赛，体会雪地带来的乐趣。

图27-2

图27-3

图27-4

图27-5

3. 在体育游戏中的运用

（1）打雪仗。

学生用双手将雪攥成雪球，抛向对方。为了保证安全，雪球不能捏得太硬，更不能在雪球里添加石子等硬物做成"夹心弹"，以防伤及他人；不能多人围攻一人，更不能用雪球打对方的脸和头部；跑动追逐时，不宜太快，防止滑倒摔伤。（图27-6）

图 27-6

（2）滚雪球。

学生可单人或多人一组，先将场地上的积雪堆积成团，然后在雪地上推滚，让雪球变大，看谁滚的雪球大且用时少。该游戏可以培养学生团结协作、勇于挑战的精神。（图27-7）

图 27-7

（3）雪球掷准。

在雪地上放上呼啦圈作目标框，学生在距离呼啦圈适宜处，用雪球进行投准练习（图27-8）；也可以在墙面或树干上一定高度处做上标记，用雪球进行投准练习；还可进行比赛，每投中一次得1分，比一比谁的得分多。

图 27-8

（4）拉雪橇。

把绳子的一端拴在滑雪板上，一人坐在上面，另一人拉着绳子前进，完成规定距离后互换位置。可用纸箱、轮胎等其他易滑行的扁平物体做成简易滑雪板，也可利用小斜坡进行自主滑雪练习。该游戏可以发展学生的平衡能力和创新精神。（图 27-9）

图 27-9

（5）雪地寻宝。

在超过 10cm 厚的雪地里，用网球、沙包、矿泉水瓶或实心球等作为宝藏，将其在指定地点藏好。游戏开始后，在规定时间内找到宝藏多者为胜。

（6）写字接力赛。

教师在指定地点出示不同的汉字，学生平均分成若干组，每组第一人跑到指定地点后，用接力棒写下其中一个字，然后返回与下一人进行交接，依次进行接力，跑得快并且按要求最先写好全部汉字的组为胜。游戏时中途掉棒由持棒者捡回继续。

（7）搬运雪球。

学生根据规则将自己做好的雪球从起点搬运到指定位置，一人一次只能搬运一个雪球，先搬完者为胜。

（8）踩脚印。

学生平均分成若干组，每组第一人根据规则走到指定地点返回，和本组第二人击掌后到队尾站好，第二人出发，第二人必须走前一个人走过的脚印，踩错或多踩脚印者罚时 3s，最后用时最少的组为胜。

（9）雪地游泳。

学生穿上防雪衣，在超过 10cm 厚的雪地上模仿各种姿势的游泳动作，享受"雪地游泳"的乐趣。

（10）匍匐爬行。

选择一块平坦的雪地，学生进行高姿、低姿、侧身等匍匐前进练习，发扬不怕苦、不怕累的精神，同时享受雪地爬行的快乐。

（11）雪地滚翻。

学生选择一块平坦且积雪厚度在 10cm 以上的雪地，用积雪代替体操垫，进行前滚翻、侧手翻、侧滚翻等滚翻技巧练习。

4.在美育中的运用

（1）堆雪人。

学生以个人或小组为单位，将洁白的雪堆成不同形状、不同大小的雪人，既能锻炼学生的动手能力和合作能力，还能堆出雪人供人观赏。（图 27-10）

图 27-10

（2）身体盖章。

学生做好防护，仰卧在雪地上，摆出不同的姿势，摆好后，小心翼翼地站起来，看看自己印出的"章"是否令自己满意。

（3）脚踩模型。

学生用脚踩出不同动物的形状，也可踩出地图、文具、小房子等。

（4）雪上涂鸦。

为了开发想象力和提高动手操作能力，学生可用刷子、喷壶、装饰品或颜料，在雪地上画出各种创意作品。（图 27-11 为雪人，图 27-12 为老鼠偷油）

图 27-11

图 27-12

（5）雪雕。

学生根据自己的设计图案，用铁锹、铲子、扫帚、水桶等工具，在雪坯上雕刻出汽车（图 27-13）、蛋糕（图 27-14）、团结奋进（图 27-15）、长城、天安门等图案，发挥学生的创造力和想象力，这不仅能培养学生的创造、动手、动脑等能力，还能增强学生的团队合作意识，并能美化校园学习生活的环境。

图 27-13　　　　　　　　　图 27-14　　　　　　　　　图 27-15

（二）冰场在体育教学中的运用

1. 玩冰壶

冰壶又称冰上溜石，是在冰上进行的一种投掷性竞赛项目，可进行个人或团队比赛，具体比赛方法可参考冰壶规则。因冰壶价格昂贵，学生可用大颗象棋棋子、圆木块、圆滑的鹅卵石等代替冰壶。

2. 玩冰球

学生穿戴好滑冰装备，将厚布（或珍珠棉泡沫）固定在废旧的拖把杆上作球杆，用象棋棋子作冰球，在冰面上进行冰球练习。

3. 滑冰

学生穿戴好滑冰装备，在光滑的冰面上进行滑冰练习，如单人滑、双人滑、半蹲滑等。

4. 人拉轮胎

学生两人一组，在轮胎上拴上绳子，一人坐或躺在轮胎上，另一人拉绳子带动坐轮胎的同学，注意速度不宜过快，确保安全。

5. 人拉铁锹

学生两人一组，一人半蹲在铁锹上，手扶锹把，另一人拖（推）着锹把走，还可按顺时针或逆时针方向转圈，发展学生的平衡能力。

二十八、石块在体育教学中的运用

石块在校园中随处可见，小到绿化带里的小石头，大到景观石。以前，石块是孩子们常玩的玩具之一；现在，随着社会的发展，琳琅满目的器材和玩具使得作为玩具的石块慢慢从人们的视野中消失。在体育教学中，我们可以对石块进行开发，让石块大有作为，为学生增添别样的乐趣。为了科学、安全地使用石块，应根据不同的练习内容，做好相应的安全防范措施。同时，出于对文化的尊重，不要在雕刻文字的石块上进行练习。

（一）在田径教学中的运用

1. 作标志物

方法一：将大小适宜的石块按照一定间距摆好，作为标志物，学生进行直线跑或曲线跑等练习。（图 28-1）

方法二：将大小适宜的石块按照一定间距摆好，作为标志物，学生从石块间隙或侧边跑过，进行步幅、步频等练习，发展学生的快速跑能力。（图 28-2 为步频练习，图 28-3 为步幅练习）

2. 作投掷物

学生用不同大小的石块代替实心球、铅球（图 28-4）等进行投掷练习，用较圆滑的石块代替垒球进行投掷练习，或者代替弹珠进行相应的游戏。在投掷时，必须注意周围环境，确保安全后再进行投掷。

| 图 28-1 | 图 28-2 | 图 28-3 | 图 28-4 |

（二）在体育游戏中的运用

1. 踏石过河

选取表面平整、大小适中的石块若干，按一定间距放置在地面上作石块路。学生从一端出发，在脚不落地的情况下，依次踩着石头走到另一端，看谁走得稳、走得快。（图 28-5）

图 28-5　　　　图 28-6

建议：可以每人 3 块石块进行交替踩石过河游戏。（图 28-6）

2. 快速捡石子

学生取拇指大小的石子若干，放在手背上，手快速向上移动一定距离后停止，石子借助惯性离开手背向上运动，在石子落地前，手快速翻转抓握石子，如此反复，直到只抓到一颗石子，然后将手里最后一颗石子抛起来的同时再一颗一颗捡起石子，进行捡石子游戏。

3. 投准

学生手持大小适中的石块，向一定距离处的轮胎、纸箱等目标筐进行投准，看谁投中的石块多。可进行个人或集体积分赛。（图 28-7）

图 28-7

4. 丢石块

学生取拇指大小的圆滑石块若干，在石块上做上标记。甲、乙两人一组进行游戏，每人 5 块石块，在一定距离处画一个直径约 50cm 的圆圈，甲、乙两人站在投掷点轮流向圆圈进行投掷，若己方石头打到对方石头，则对方石头出局，直至石块全部丢完，最后圈内石块多的人获胜。

5. 石子棋

在地面上画上棋盘，将两种颜色的石子分别当作双方的棋子，体验区字棋（图 28-8）、西瓜棋（图 28-9）、十字棋（图 28-10）等民间传统棋类游戏。

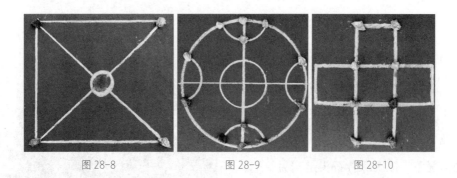

图 28-8   图 28-9   图 28-10

6. 蚂蚁搬家

在保证安全的前提下，选取相应大小的石块，进行单人或团队的"蚂蚁搬家"游戏。相距 15m 摆放两个呼啦圈，其中一个呼啦圈内放置若干石块。开始后，学生每次从放石块的呼啦圈内捡一块石块，跑向另一个空的呼啦圈并将石块放到圈内，直到石块全部搬完为止，用时最短者获胜。

7. 眼疾手快

准备两块中等大小的石块，将一块石块放置在课桌上，另一块石块拿在手中。游戏时，学生抛起手中的石块后，以最快的速度拿起课桌上的石块，并接住抛起的石块。

8. 看谁反应快

取一块大小适中的石块，放在课桌上，两人分别站在课桌的两侧，根据教师口令分别作出相应动作，当教师说出"石头"口令时，双方迅速拿石块，看谁先抢到石块。

9. 夹石跳跃

学生平均分成若干组，每人一块形状、大小适中的石块。发令后，每组每人轮流出发，每人用两脚夹住石块，采用双脚跳跃的动作出发，跳到一定距离处的终点时，双脚夹着石块起跳，将石块投入纸箱后跑回，依次进行，先完成的组为胜。（图 28-11）

图 28-11

10. 打水漂

取一块扁平的石片，在手上呈水平放置后，用力将石片向水面扔出，看谁的石片在水面上连续点击次数多或漂飞的距离远。

11. 垒石头

准备形状相近的鹅卵石均分给各组，组织垒石头接力比赛，要求垒 3 ~ 5 层为一座，直到小组的石块全部垒完为止，最后看哪组垒得稳、垒得快。（图 28-12）

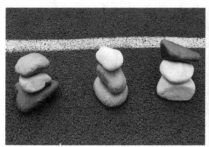

图 28-12

（三）拓展运用

1. 石头哑铃

找一块圆滑、重量适宜的石块作哑铃，根据石块的不同重量进行单手或双手上举（图 28-13）、弯举（图 28-14）、前举、负重蹲起等力量练习；也可以找一根粗木棍，将两块适宜大小的石头分别固定在木棍的两头，在保证安全的前提下，手握或肩扛木棍进行模拟杠铃的力量练习。

图 28-13　　　　　图 28-14

2. 配重

将石块用于固定教学时所用的标志杆、跳高架等器械，避免其被风吹走吹倒，辅助教学顺利进行。

3. 五彩石

取各种圆滑的鹅卵石，喷上各种颜色的油漆（图 28-15），可当作标志点、障碍物、棋子（图 28-16）、接力物等辅助教具。

图 28-15　　　　　　　　　图 28-16

4. 跳跃练习

选择高度适中的景观石，进行单脚跳、双脚跳（图 28-17）、弓步交换跳（图 28-18）等跳跃练习。

图 28-17　　　　　　　　　图 28-18

5. 柔韧练习

选择高度适中的景观石，进行压肩（图 28-19）、压腿（图 28-20）等柔韧练习。

图 28-19　　　　　　　　　图 28-20

6. 攀爬和跳高台练习

选择高度适中的景观石，在做好保护与帮助的情况下，学生先攀爬上石块（图 28-21），然后从石块上面跳下（图 28-22），落地时做到屈膝缓冲（图 28-23），锻炼学生的攀爬能力，克服学生的恐高心理。

图 28-21　　　　　　　　图 28-22　　　　　　　　图 28-23

7. 力量练习

选择高度、大小适中的景观石，学生手或脚放在石块上做高（低）姿俯卧撑（图 28-24）、高抬腿（图 28-25）等练习。

图 28-24　　　　　　　　　图 28-25

二十九、地面体育教学图形设计

　　校园内，有很多未被充分利用的地面资源，如室外运动场、室内体育馆、风雨操场和活动广场等处的地面。体育教师可以科学规划使用空白的地面，合理设计布置体育技术教学辅助图形或趣味体能训练图形等，吸引学生在课间进行练习或游戏。这既能充分发挥场地的价值，又能激发学生课间主动锻炼的积极性，培养学生良好的体育运动能力。

（一）立定跳远

　　场地：在地面上画出不同类型的立定跳远图形，如飞跃鲨鱼池（图29-1）、跳跃得分区（图29-2）、立定跳远测量尺（图29-3、图29-4），注有清晰的数字标志（总长度根据不同学段学生作相应调整）。

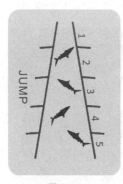

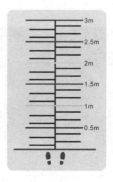

| 图29-1 | 图29-2 | 图29-3 | 图29-4 |

　　方法：多名学生排队依次进行比赛，比一比谁跳得远。中低年龄段学生可挑战飞跃鲨鱼池、跳跃得分区，跳到不同位置对应不同得分。高年龄段学生可选择使用立定跳远测量尺进行自测和自我评价。

　　规则：跳远时，双脚不能踩线。

（二）实心球测试线

场地：选取空旷场地，根据男女生标准画好投掷线、及格线、良好线和满分线，也可根据各地实心球考试标准转换为 10 分制，学生练习时可以之为参照物，及时知晓自己的得分。（图 29-5）

方法：学生站在投掷线后依次进行投掷，根据落点判断自己的投掷成绩。

规则：投掷时，双脚不能踩线。

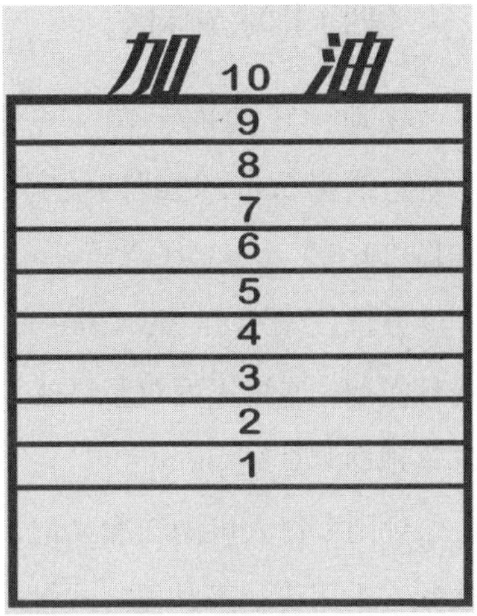

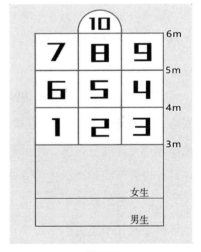

图 29-5

（三）实心球积分赛

场地：在地面上画一个九宫格，每小格边长 1m，离九宫格一定距离处画两条平行线作为男、女生投掷线，数字 1 ~ 9 由近到远呈蛇形排列，在数字 8 格外侧再画一个格作为 10 分格。（图 29-6）

方法：学生每人连续掷三球，以实心球第一落点计分。如实心球落在两个相连得分区域的连线上，以分值低的区域计分；同样，实心球落在四个得分区十字交叉点正中间，以分值最低区域计分；实心球落在边线上判为犯规，

图 29-6

不计分。最后，按 3 次得分总和计算个人得分，得分多者名次列前。得分相等时，以最高一次得分高者名次列前；若最高一次成绩仍相等，以次优成绩高者名次列前，以此类推。

规则：投掷时，双脚不能踩线。

建议：男、女生投掷线离九宫格的距离，根据不同年级学生的能力酌情设置。

（四）排球垫球区

场地：在地面上画一个 3m×3m 的正方形，边线宽 5cm，边线的线宽包含在场地之内。（图 29-7）

图 29-7

方法：学生在 3m×3m 正方形垫球区域内将球抛起，连续正面双手垫球并达到规定高度，球落地即测试结束。

规则：每人可测 2 次，记录最好成绩。测试过程中，如出现以下现象均不计次数：采用传球等其他方式触球、3m×3m 区外垫球或垫球高度不够等。

（五）地面环形靶

场地：在地面上画 5 个半径相差约 1m 的同心圆，距离圆心约 10m 处再画一个正方形，形成外方内圆形状。（图 29-8）

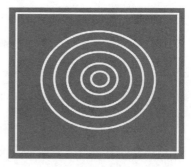

图 29-8

方法：学生站在正方形边线上向环形靶投掷实心球、沙包等物体，看谁投得准；也可进行地滚球或足球凌空射准，比谁的球更靠近圆心；还可以设置不同距离，进行立定跳远升级跳。

建议：当限制线（正方形边线）不能满足练习需要时，可自行增减临时线，也可以多画几个正方形，每个正方形间隔约 1m。

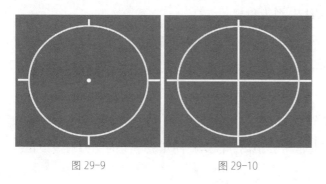

图 29-9　　　　　图 29-10

（六）多功能圆圈

场地：在地面上画直径 10～20m 的圆圈，并沿圆心将圆平均分成 4 份（图 29-9、图 29-10）。

方法：

（1）弯道跑：学生可沿着圆圈进行弯道跑练习，也可以进行圆圈十字接力赛。

（2）投掷教学：在实心球教学时，学生站在圆圈上观看，教师站在圆圈内讲解示范；学生练习时教师退到圈外，学生站在圆圈上向内投掷。

（3）队列练习：利用圆圈及圆圈中的十字线（图29-10）进行相关队列练习，如弧线走、交叉走、直线走、圆形队列教学等。

图 29-11

拓展：在地面上画2～5个相连的圆圈，每个圆圈直径约5m（图29-11为三圆连接，图29-12两圆连接），也可一大一小连接（图29-13），学生进行单个或多个"8"字跑练习，也可进行追逐跑练习。

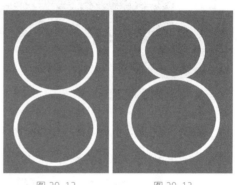

图 29-12   图 29-13

（七）脚步练习

场地：在地面上画出不同形状的组合图案（图29-14、图29-15）。

方法：学生站在中心区域，进行多种脚步练习动作，脚依次落在不同点上。脚步练习动作包括双脚向前跳、双脚向后跳、左弓步跳、右弓步跳、转身跳等。在跳跃中，可以加入多种篮球运球练习，如运球开合跳、前后跳、左右跳、弓步跳等。

规则：每一次跳跃都要落在对应点位上，每做完一个动作须恢复到准备姿势，再进行下一个动作，如此循环进行。

图 29-14

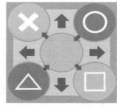

图 29-15

（八）蹲踞式起跑

场地：在地面上画出蹲踞式起跑动作手脚位置示意图（图29–16、图29–17）。

方法：学生可参照图形进行练习，以更好地掌握蹲踞式起跑预备时的手脚动作。

规则：手指不得压线。

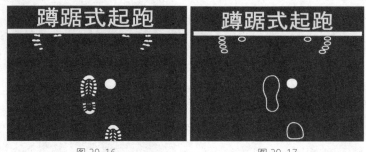

图 29–16　　　　　　　　　　图 29–17

（九）数字跑道

场地：在地面上画20～100m带有刻度的跑道，也可以直接在田径场的直道边上画出50～100m的刻度，形成数字跑道（图29–18为50m数字跑道示意图，图29–19为100m数字跑道示意图）。

方法：学生从起点出发，跑规定步数，比谁跑得距离远；或者在规定时间内，看谁跑得远。也可两人一组进行立定跳远、跨大步、侧滑步等练习，比规定次数内谁的位移距离远。还可用于短跑教学，精确计算步频和步长。

拓展：可作为轻物投掷的超长丈量尺；也可作为单人或多人的劈叉接力长度丈量尺；还可作为立定三级跳远或立定跳远的远度丈量尺。

图 29–18

图 29–19

（十）立定三级跳远

场地：在塑胶场地上画出立定三级跳远示意图，避免在较硬的水泥地或者大理石地面上绘制，防止受伤。（图29-20）

方法：（以左脚起跳为例）学生参照图形，站在起跳线后，依次做出单脚跳、跨步跳和跳跃，初步感知动作，掌握动作后，不断提高跳跃距离。

（十一）三级跳远

场地：在塑胶场地上画出三级跳远示意图，避免在较硬的水泥地或者大理石地面上绘制，防止受伤（图29-21）。

方法：（以左脚起跳为例）学生参照图形，进行助跑、单脚跳、跨步跳和跳跃，初步感知动作，掌握动作后，不断提高跳跃距离。

（十二）绳梯

场地：为了便于教学使用，在靠近田径场的场地上画出各种绳梯图形（图29-22至图29-25）。

方法：学生可在绳梯上做前进小碎步、横向小滑步、前前后后、进进出出或前后交叉步等各种步法练习，或者多人一组进行快速跑+绳梯动作的接力比赛。

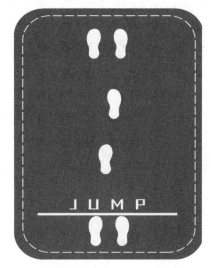

图29-20

图29-21

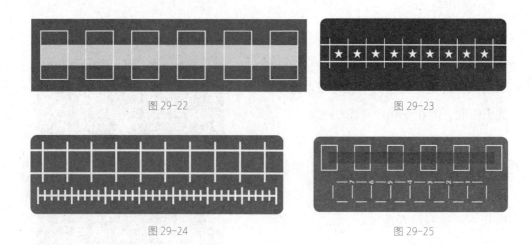

图 29-22   图 29-23

图 29-24   图 29-25

（十三）侧手翻

场地：在场地上画出侧手翻手脚位置图案。（图 29-26 至图 29-28）

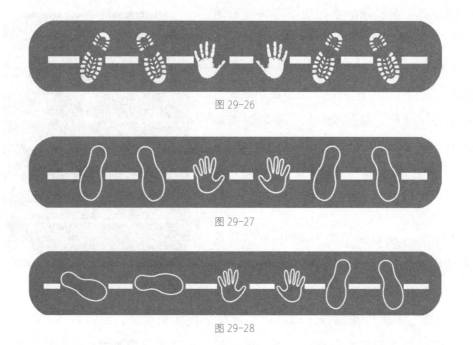

图 29-26

图 29-27

图 29-28

方法：学生做侧手翻时，手脚依次落在图案上，尽量做到六点成一线。

规则：路线直，动作标准即挑战成功。

（十四）跳高起跳区限制线

场地：跳高场地上，在两个放跳高架的位置各画一个 L 形起跳限制线（L 开口朝向助跑方向，长线条与横杆垂直面平行且离横杆垂直面 30 ～ 50cm）（图 29-29 为设计图，图 29-30 为实践图）。

图 29-29

图 29-30

方法：在跨越式跳高练习或比赛时，学生斜线助跑后，在 L 形区域起跳，避免出现起跳点过近（远）或靠前（后）的问题，此法有利于完成动作，能有效避免个别学生由于起跳点过于靠前而冲撞远端跳高架或落到海绵包外而发生伤害事故。

（十五）多功能运动场地

场地：以篮球场半场为例，在三分线以外的区域画出形式多样的体能锻炼图形，如绳梯、九宫格、跳房子或时间轴等。（图 29-31、图 29-32）

方法：根据绘制的各种图形进行相关练习，具体方法可参考本书第三十部分"地面体育游戏图形设计"中的相关部分。

建议：可以充分利用校园内的小场地或边角地带开发建造多功能运动场地。

图 29-31

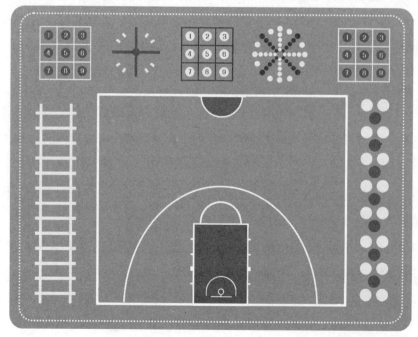

图 29-32

三十、地面体育游戏图形设计

在体育教学中，校园地面是经常被忽略的一项"体育设施"，我们可以通过贴地贴或绘制不同的地面体育游戏图形，充分发挥互动式主题运动场地的教育价值，将体育融入生活，让运动无处不在。

（一）跳格子

场地：在地面上画出大小均等的长方形、正方形、蛇形或螺旋形等图形，并用数字或字母对图形进行标记（图30-1为阶梯，图30-2为毛毛虫，图30-3为波浪，图30-4、图30-5为螺旋，图30-6至图30-8为九宫格，图30-9为三十六宫格）。

目的：发展学生的跳跃能力及身体的协调性和灵敏性。

方法：学生按照数字或字母的顺序进行双脚跳、单脚跳或跑跳等；也可以自主拓展跳跃方式，进行创意游戏，如两人猜拳，胜者向前跳一格，看谁先到终点。

规则：每次跳进规定的格子里面。

图30-1

图30-2

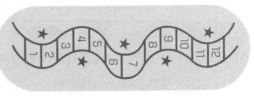

图30-3

图 30-4   图 30-5   图 30-6

图 30-7   图 30-8   图 30-9

（二）方位跑跳

场地：在地面上画出指南针的八个方向，分别是东（E）、南（S）、西（W）、北（N）和东南（SE）、东北（NE）、西南（SW）、西北（NW），其中指针长 5 ~ 10m。（图 30-10）

目的：发展学生的灵敏性和方向感。

方法：甲、乙两人一组，甲站在指南针中间进行原地慢跑，乙随机报出八个方向中的其中一个，甲听到后立即跑（也可用双脚跳、单脚跳或

图 30-10

爬行等方式）到指定方向的指针针尖处，用手或脚触及方向字母后返回原位。若干次后，两人交换角色，继续游戏。

规则：跑错方向者须做一定次数的蹲起、高抬腿、俯卧撑或波比跳等简单的体能练习。

（三）紧急救援

场地：在地面上画出交通规则体验赛道。

目的：发展学生的运动能力，培养学生遵守交通规则的意识。

方法：在红绿灯处安排一名学生控制红绿灯信号，在施工路段安排一名学生作为交警指挥交通，再安排一名学生模拟消防车。其余学生在车道里进行奔跑，根据交通信号灯和交警要求，合理调整自己的速度，避让消防车，做到遵守交通规则，文明驾驶。（图30-11）

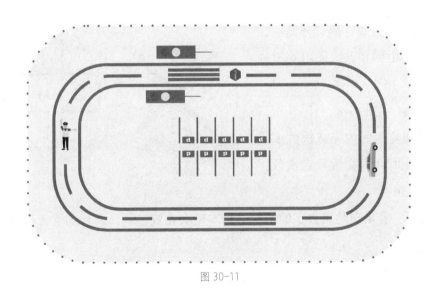

图 30-11

规则：如违反交通规则，须进行交通知识学习，并参与交警执勤活动。

（四）十字跳

场地：在地面上画出各种十字跳图形。

目的：发展学生身体的协调性和方位感。

方法：

（1）数字顺序跳：开始时，学生站在 1 号区域，然后按 1—2—3—4 的顺序进行双脚或单脚循环跳。在规定时间内，看谁完成规定组数多，也可以进行小组接力赛。（图 30-12 至图 30-15）

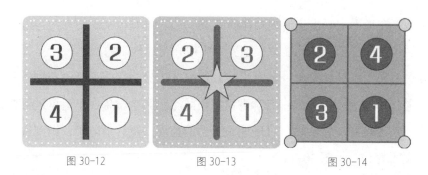

图 30-12   图 30-13   图 30-14

（2）回位顺序跳：开始时，学生站在中间 0 点，采用双脚或单脚跳，按 0—1—0—2—0—3—0—4 的顺序完成一次，计一轮次，看谁在规定时间内完成次数多或谁在最短时间内完成规定次数。（图 30-16）

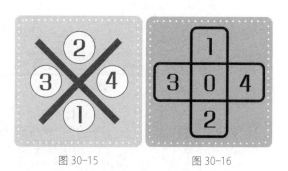

图 30-15   图 30-16

规则：若出现跳错数字的情况，则本轮次无效，须回到 0 点重新开始，之前次数有效。

（五）米字跳

场地：在场地上画一个九宫格，分别标上数字 0～8。（图 30-17）

目的：发展学生身体的协调性和方位感。

方法：

（1）全米跳：开始时，学生站在中间 0 点，采用

图 30-17

双脚或单脚跳，按 0—1—0—2—0—3—0—4—0—5—0—6—0—7—0—8 的顺序完成一个"米"字形的跳跃，看谁跳得稳、跳得快。

规则：若跳错顺序，则要回到 0 点重新开始。

（2）半米跳：开始时，学生站在中间 0 点，采用双脚或单脚跳，按 0—1—0—2—0—3—0—4—0—5 的顺序完成半个"米"字形的跳跃，看谁跳得稳、跳得快。

规则：若跳错顺序，则要回到 0 点重新开始。

（六）跳圆点

场地：场地上起点和终点间设置若干不同距离的圆点，圆点直径 20cm 以上，数量根据场地大小确定。

目的：发展学生的跳跃能力和灵活性。

方法：

（1）猜拳跳跃：两人一组，从起点开始，每次猜拳胜者向前跳一个圆点，以此类推，看谁先到终点。（图 30-18、图 30-19）

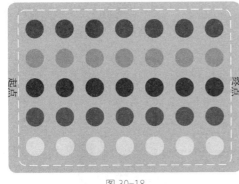
图 30-18

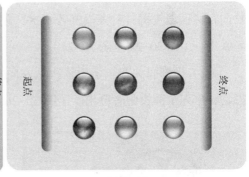
图 30-19

（2）跳跃比赛：采用双脚或单脚依次跳上圆点，看谁先跳完所有圆点。

（3）连线跳跃：学生按数字顺序进行跳圆点练习，看谁跳得准、跳得快；也可以选择一种颜色的圆点进行连线跳跃；还可以进行跳跃追逐赛等。（图 30-20、图 30-21）

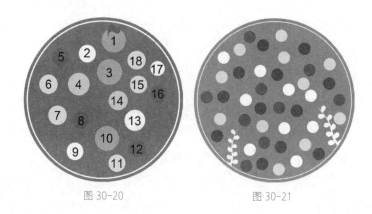

图 30-20   图 30-21

规则：跳跃时，脚必须落在圆点上。

（七）地面投掷

场地：在地面画上环形靶、方框靶或线靶等图形。

目的：发展学生的掷准、掷远能力。

方法：

（1）投准积分赛：学生在投掷线后用沙包等投掷物向目标区域投掷，每人投掷若干次，最后累计积分多者胜出。（图 30-22 至图 30-25）

图 30-22

（2）投掷闯关赛：学生依次从左向右进行投掷，采用双脚跳跃的方式拣投掷物，率先全部投中者胜出。（图 30-26）

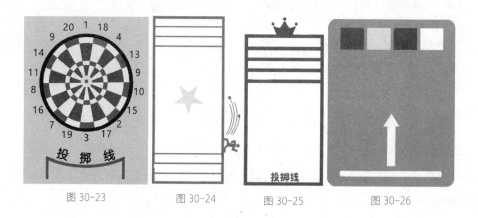

图 30-23   图 30-24   图 30-25   图 30-26

规则：投掷物落在规定的分值区域为有效。

（八）多点移动

场地：在地面上画 6 个直径 30cm 以上的圆圈，并使之围成一个大圆圈（图 30-27），相邻两个圆圈距离约 1m；也可以 4 个圆圈组成四边形，中心点同样画一个圆圈（图 30-28）。

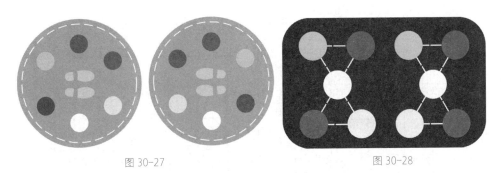

图 30-27   图 30-28

目的：发展学生身体的灵敏性和协调性。

方法：

（1）多点移动：学生站在中心点上，然后与四周圆圈结合进行来回移动，也可以自主搭配进行移动练习。

（2）脚步练习：学生站在中心点上，进行单脚跳、双脚跳、弓步跳或转身跳等练习。

（3）照镜子：两人一组面对面站在各自的练习场地上，一人做动作，另一人模仿进行照镜子练习。

规则：自主创编，自主制定。

（九）数字跑跳

场地：在地面上画一个大正方形，然后将之均分成若干个小正方形，并将小正方形按顺序画上数字，也可以无序地安排数字。（图 30-29 至图 30-33）

2	4	8
7	5	3
1	9	6

图 30-29

5	7	8	10
3	2	4	15
14	1	13	11
9	12	6	16

图 30-30

图 30-31

121	120	119	118	117	116	115	114	113	112	111
100	101	102	103	104	105	106	107	108	109	110
99	98	97	96	95	94	93	92	91	90	89
78	79	80	81	82	83	84	85	86	87	88
77	76	75	74	73	72	71	70	69	68	67
56	57	58	59	60	61	62	63	64	65	66
55	54	53	52	51	50	49	48	47	46	45
34	35	36	37	38	39	40	41	42	43	44
33	32	31	30	29	28	27	26	25	24	23
12	13	14	15	16	17	18	19	20	21	22
11	10	9	8	7	6	5	4	3	2	1

图 30-32

31	32	33	34	35	36
30	29	28	27	26	25
19	20	21	22	23	24
18	17	16	15	14	13
7	8	9	10	11	12
6	5	4	3	2	1

图 30-33

目的：发展学生的下肢力量及灵敏性和协调性。

方法：学生采用双脚跳、单脚跳或左右脚交替跳去踩地上的数字；也可以猜拳跳格子，跳到最后一个数字为挑战成功。

规则：根据游戏内容，随机调整游戏规则，可以大胆创新。

（十）推小车

场地：在地面上画出不同的推小车路线。（图 30-34）

目的：发展学生的上肢和躯干力量，培养学生的合作意识。

方法：甲、乙两人一组，甲双手撑地，乙抬甲双脚，甲按照路线进行爬行，完成后交换角色继续游戏。

规则：爬行时注意安全，按照路线完成。

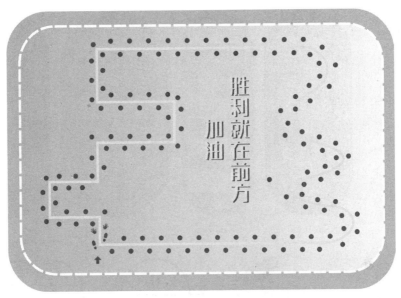

图 30-34

（十一）跳房子

1. 单个跳房子

场地：选择形式多样的跳房子图形，也可以创新组合跳房子图形，具体可参考下列图形。（图 30-35 至图 30-76）

目的：发展学生的跳跃能力和协调性。

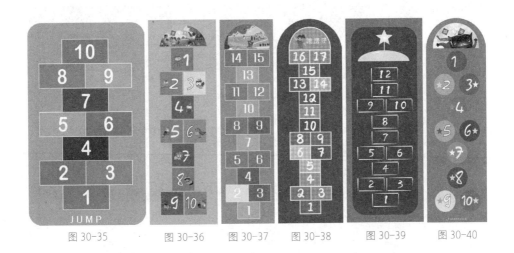

图 30-35　　图 30-36　　图 30-37　　图 30-38　　图 30-39　　图 30-40

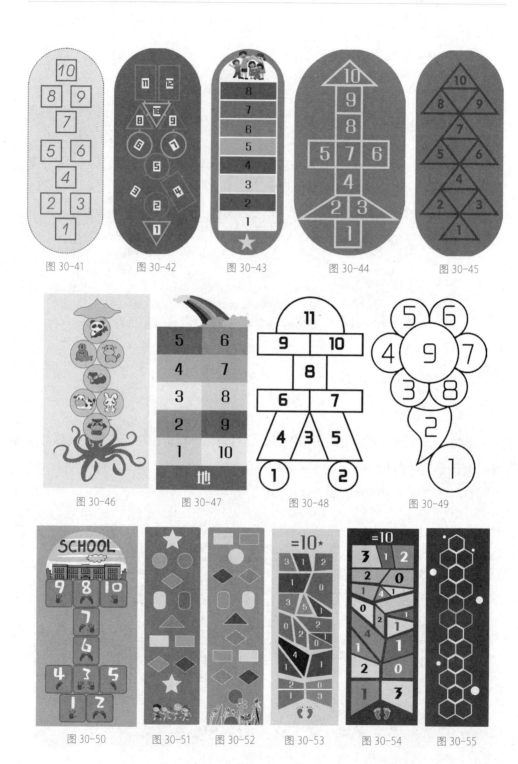

图 30-41 　　　 图 30-42 　　　 图 30-43 　　　 图 30-44 　　　 图 30-45

图 30-46 　　　 图 30-47 　　　 图 30-48 　　　 图 30-49

图 30-50 　　 图 30-51 　　 图 30-52 　　 图 30-53 　　 图 30-54 　　 图 30-55

图 30-56 图 30-57 图 30-58 图 30-59 图 30-60

图 30-61 图 30-62 图 30-63 图 30-64 图 30-65

图 30-66 图 30-67 图 30-68 图 30-69

图 30-70

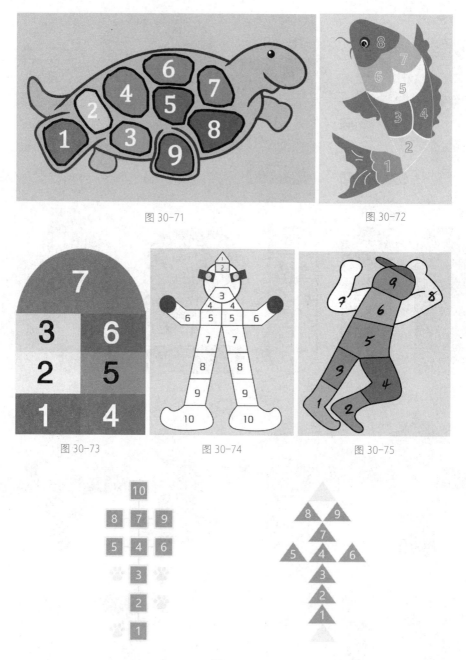

图 30-71

图 30-72

图 30-73

图 30-74

图 30-75

图 30-76

　　方法：两名或多名学生猜拳，获胜者先拿石块或沙包按 1 ~ 10 的顺序，每次扔一格，跃过有石块或沙包的格子往前跳，回来捡起再跳完格子，全部跳完挑战成功一次。此外，还有很多创新玩法，期待大家的尝试。

规则：不得越格、不得压线，犯规者须原地等待一轮后，方可继续游戏。

2. 多个跳房子

场地：可以将多个跳房子组合成各种形状的跳房子，让跳房子的数量和形状都发生变化，更好地激发学生的练习兴趣。具体可参考下方跳房子组合图形。图 30-77 为按 O 形组合，图 30-78 为按 Y 形组合，图 30-79 为按 Z 形组合，图 30-80 为按三角形组合，图 30-81 为按正方形组合。

图 30-77

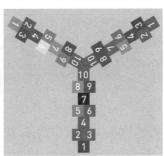
图 30-78

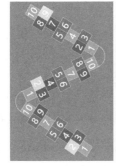
图 30-79

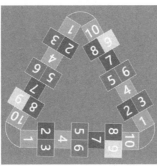
图 30-80

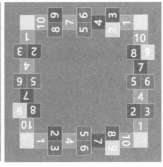
图 30-81

目的：发展学生的跳跃能力和协调性。

方法：采用跳房子的方法连续向前跳跃。

规则：跳跃时，不得漏格子，须连续跳完。

3. 超长跳房子

场地：画出 50 格以上跳房子图形（根据场地情况自定格数），建议画在校园道路上（含直道和弯道），如环教学楼道路一圈。图 30-82 为 100 格跳房子示意图，图 30-83 为 200 格跳房子示意图。

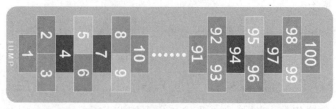

图 30-82

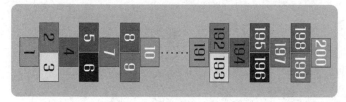

图 30-83

目的：发展学生的跳跃能力、协调性和耐力素质。

方法：采用跳房子的方法连续向前跳跃，看看能跳多远。

规则：跳跃时，不得漏格子，须连续跳完。

（十二）冲关大挑战

场地：在地面上画出各种跑、跳、绕、爬、滑步或平衡走等组合练习图形及线路。可画在空置场地或校园道路上，路线设计方便学生在课间进行一次完整的挑战赛。初中生和高中生可以设置功能性动作挑战项目，如俯卧撑、深蹲跳、高抬腿、连续单腿跳跃或立卧撑等，每个动作规定个数，比比谁的用时更短。图 30-84 至图 30-91 为小学版，图 30-92 为初中版，图 30-93 为高中版。

目的：发展学生的上下肢力量和耐力，培养学生敢于挑战自我的意识。

方法：按照图形的玩法，连续快速通过挑战路线。

规则：在指定图形用规定的练习动作。

建议：若场地足够时，可以设置对称的比赛路线，方便学生竞速比赛，挑战自我，培养学生良好的人际关系和交流沟通能力。

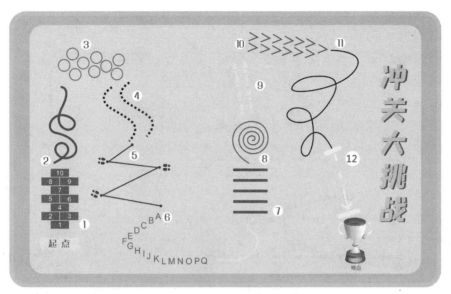

1- 跳房子；2- 踩线跑；3- 开合跳；4- 曲线跑；5- 滑步双手触地；6- 跳字母；7- 立定跳远；8- 螺旋跑；9- 蛙跳；10- 脚尖快速跑；11- 踩线跑；12- 加速跑。

图 30-84

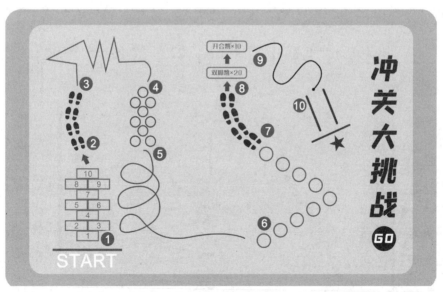

1- 跳房子；2- 双脚跳；3- 变向跑；4- 开合跳；5- 踩线跑；6- 字母Z跳；7- 蛙跳；8- 原地双脚跳20次；9- 开合跳10次；10- 快速跑。

图 30-85

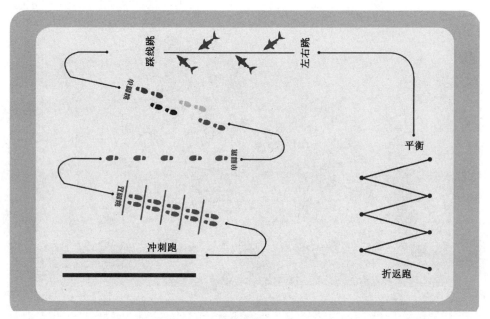

图 30-86

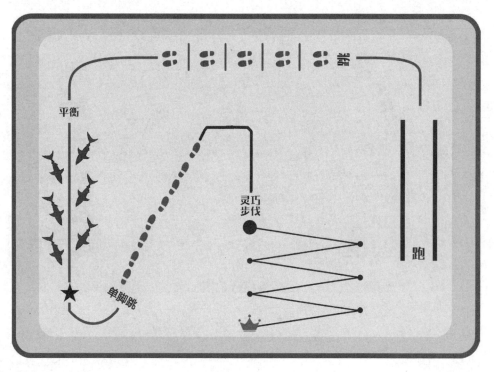

图 30-87

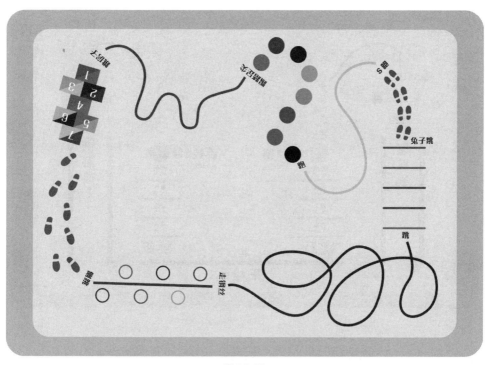

图 30-88

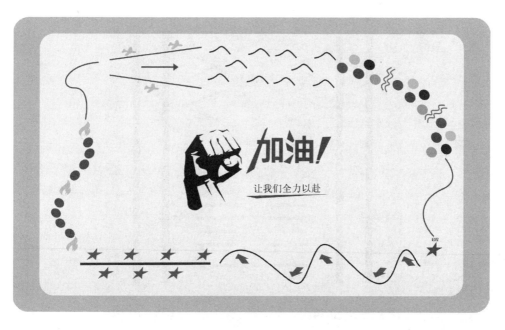

图 30-89

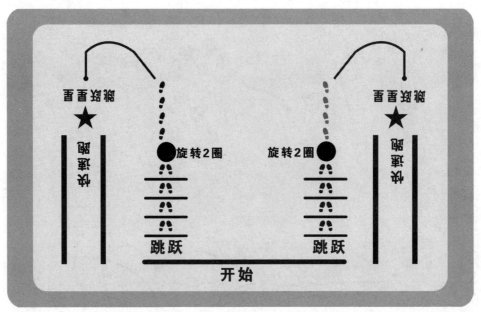

图 30-90

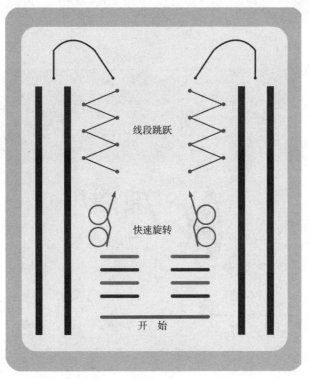

图 30-91

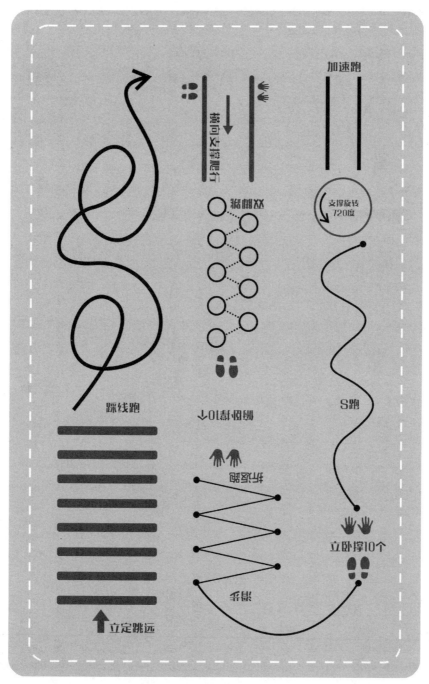

图 30-92

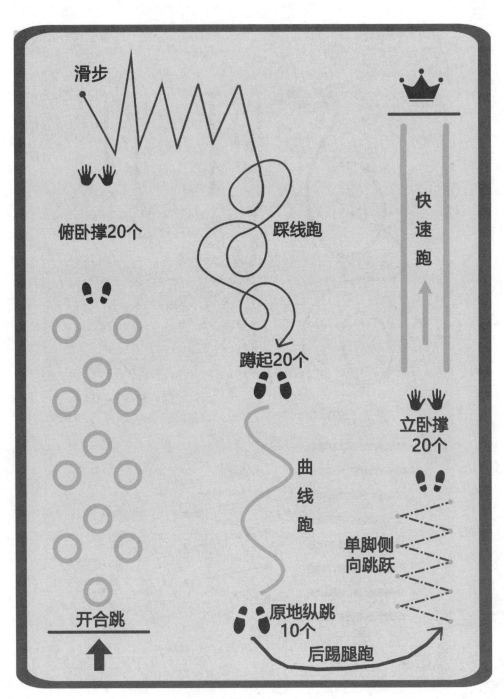

图 30-93

（十三）真人飞行棋

场地：参照飞行棋要求，在棋盘上设置一些与生活、学习有关的关卡。（图 30-94 至图 30-102）

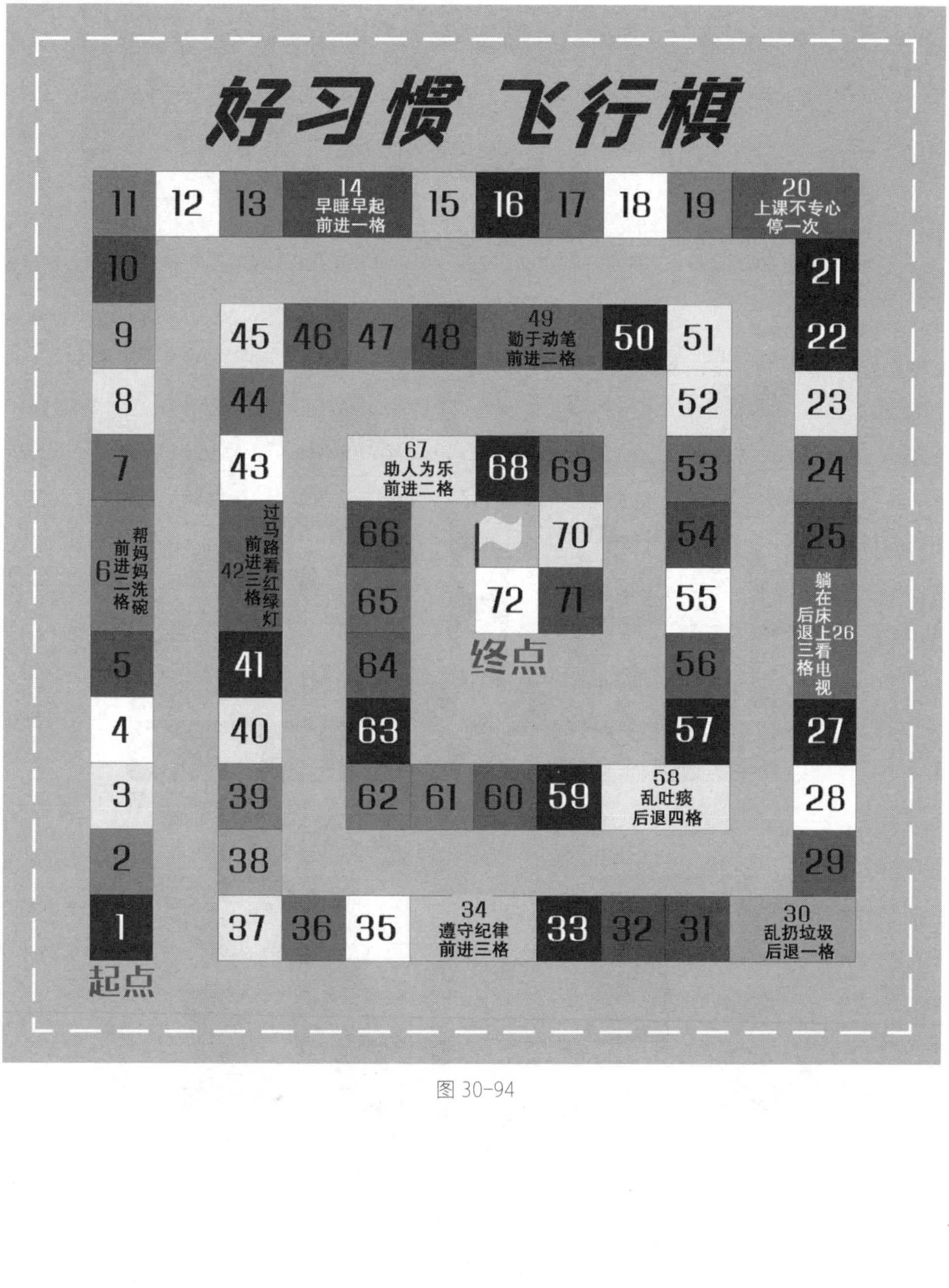

图 30-94

图 30-95

图 30-96

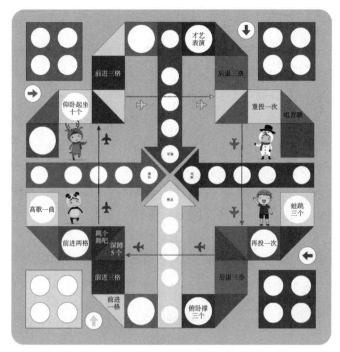

图 30-97

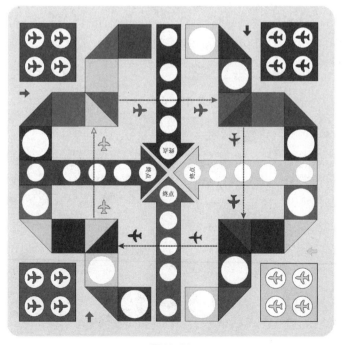

图 30-98

图 30—99

图 30—100

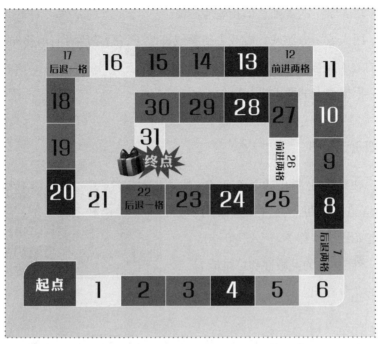

图 30-101

图 30-102

目的：培养学生的规则意识和锻炼习惯。

方法：两人或多人游戏，游戏者猜拳或掷骰子，猜拳胜者向前移动一步或根据投掷出的骰子点数前进，最先到达终点者为胜。

规则：根据关卡的要求进行操作。

（十四）三子棋

场地：在地面上画出边长 2 ~ 6m 的正方形九宫格，在距离九宫格边线约 5m 处画 2 条起始线（对称）。（图 30-103）

目的：发展学生的灵敏性和思维能力，培养学生的竞争意识。

图 30-103

方法：

（1）以物作为棋子：两名玩家，每人准备不同物体作为棋子（数量为 3 个），如小石块、瓶盖或沙包等轻物，手持 1 个棋子分别站在两边的起始线后准备（另 2 个放在起始线后）。收到指令后，两人迅速跑到九宫格，将棋子放入一个空格，然后返回取第 2 个，直至放好第 3 个，若还没成三子连线，则要返回起始线，用脚触及或越过起始线后，回到九宫格移动一个棋子，以此类推，直到一方的棋子先三点成直线为胜。

建议：① 可以 3 ~ 5 人一组进行接力比赛，方法同上；② 可以采用双脚跳或单脚跳等方式。

（2）以人作为棋子：学生 3 人一组，两组对抗，分别站在各自起始线后，第一人手持沙包、瓶子等轻物作为接力物。游戏开始后，各组第一人跑到九宫格，并站在其中一个空格内，然后将接力物抛回给起始线的第二人，第二人接到后以同样的方式进行，直到第 3 人完成，若三子仍不在同一直线上，本组 3 人确定任一人返回起始线（带上接力物），脚触及或越过起始线后，回到九宫格站到任意空格内，以此类推，直到一方 3 人（棋子）先三点成直线为胜。

规则：三颗棋子在横、直、斜线上连成直线即成功。

（十五）踩数字

场地：在地面上画一个直径 2 ～ 8m 的圆圈，里面随机画上 1 ～ 30、1 ～ 50 或 1 ～ 100 的数字。（图 30-104、图 30-105）

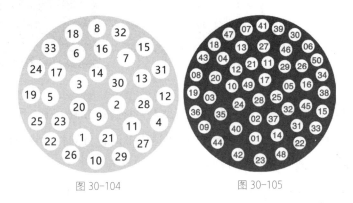

图 30-104　　　　　　　　　　图 30-105

目的：发展学生的跳跃能力和快速反应能力。

方法：

（1）你报我踩：学生两人一组，一人报数字，一人踩数字（跑或单脚跳），比谁的观察力强、速度快，完成若干次后两人交换角色。

（2）小组接力：学生 3 ～ 15 人一组，先商定好出场顺序，站在圈外准备。收到指令后，小组成员每人轮流出发（跑或单脚跳），第一人进圈，脚踩住"1"后迅速离圈，接着第二人进圈踩"2"，依次类推，数字由小到大，踩错须补踩，直到完成最后一个数字且离开圆圈为止，用时最少的组为胜。

规则：圆圈内每次只能站一人，若多一人则总用时多加 3s；在规定时间内，必须找到对应数字，否则判定挑战失败。

（十六）地面时钟

场地：在地面上画一个直径 2 ～ 3.8m 的圆圈，并用小线段将圆圈 12 等分，代替表盘上的 12 个刻度。（图 30-106 至图 30-108）

目的：培养学生的支撑爬行能力及方位感。

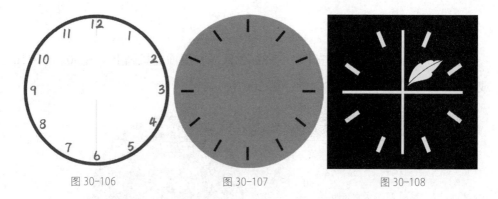

图 30-106　　　　　　　图 30-107　　　　　　　图 30-108

方法：甲、乙两人一组，甲俯撑在表盘上，将脚放在圆心上、手放在圆圈上，身体正对 12 点作时针。乙发时间指令，甲迅速沿顺时针方向移动到对应的时间点。也可以三人一组，两人分别作时针和分针，另一人发令。

规则：俯撑移动时，脚在圆心，两手沿顺时针方向移动。

（十七）石头剪刀布 1

场地：在地面上画两个三宫格，每个三宫格里画上或贴上石头、剪刀、布的图案。（图 30-109）

目的：发展学生的跳跃能力。

方法：学生两人一组，面对面站在各自三宫格中间格子的外面。开始后，两人边喊"石头、剪刀、布"边原地跳三次，当喊到"布"时，跳进三宫格的其中一个格子（图 30-110），根据图案判定胜负，若平局则继续猜拳，直至决出胜负。负者做蹲起或开合跳等简易体能练习。

图 30-109

拓展：

（1）学生可以直接站在三宫格的其中一个格子中进行游戏，如果选择原来的格子图案则落在原地即可，反之则跳到另两个格子的其中一个。

图 30-110

（2）可以每方由三宫格变成六宫格（图30-111），增加游戏趣味性和选择变数。

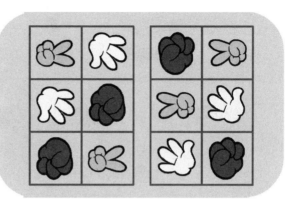

图30-111

（3）"石头、剪刀、布"可以用词语拼音首字母的大写形式"S、B、J"代替（图30-112），也可以用"○、×、□"符号代替（图30-113）。

（4）口令可以调整为"1、2、3"，当喊"3"时跳进格子。

规则：石头胜剪刀，剪刀胜布，布胜石头。

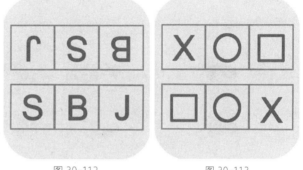

图30-112　　　　　　图30-113

（十八）石头剪刀布2

场地：在地面画上若干脚印图案，有并脚、左右开立、前后开立或对角线开立等。

目的：发展学生的跳跃能力。

方法：学生两人一组，面对面站在中间并脚的脚印上，边喊边跳，当喊到"布"时，双脚落在原地为"石头"，左右开立为"布"，前后开立为"剪刀"。（图30-114）

规则：根据制约关系判定胜负，平局继续猜拳，直至决出胜负。

拓展：在原地面游戏图案上再增加两边的对角线脚印，学生最后做左侧对角线、中间前后脚和右侧对角线三种步型，胜负关系：左胜中，中胜右，右胜左。（图30-115）

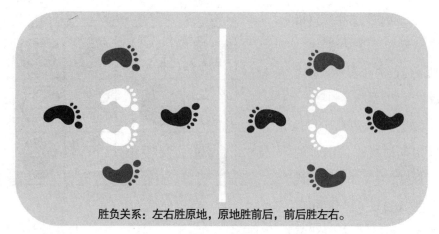

胜负关系：左右胜原地，原地胜前后，前后胜左右。

图 30-114

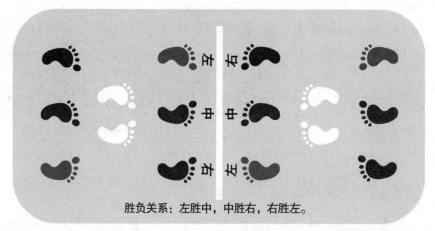

胜负关系：左胜中，中胜右，右胜左。

图 30-115

（十九）"得的地"应战

场地：在地面上画两个三宫格，一个三宫格里分别写上或贴上"得、的、地"三个字，另一个三宫格里分别写上或贴上"形容词前、动词前面、名词前面"的文字。（图 30-116）

目的：发展学生的跳跃能力及使学生掌握"得、的、地"的用法。

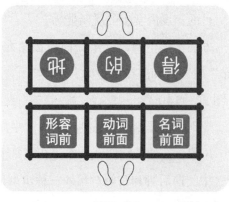

图 30-116

方法：学生两人一组，面对面站在本方三宫格中间格子的外边。猜拳胜者为发起人，另一人为跟做人。游戏开始，发起人边喊"1——2——3"边跳，当喊"1"时，跳进任意一个格子，当喊"3"时，跟做人要根据发起人跳进格子的内容，立即跳进相对应的格子内，如发起人跳到"名词前面"，跟做人则跳到"的"。跟做人跳对为胜，反之为负；每次胜者为下次游戏的发起人。

规则：发起人喊数速度要慢，跟做人必须在喊"3"时选格跳进，否则算失败。

建议：可以找一人当裁判，来发指令及判定胜负。

（二十）快算快跳

场地：在地面上画多个组合方格，并根据加减乘算式要求填进数字 0 ~ 9。图 30-117 为加法运算，图 30-118 为减法运算，图 30-119 为加减乘运算。

目的：发展学生的跳跃能力及反应能力。

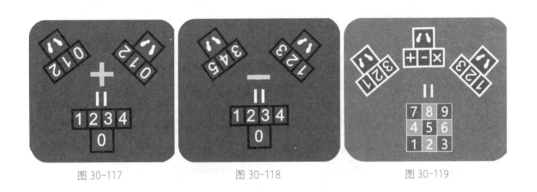

图 30-117　　　　　　　图 30-118　　　　　　　图 30-119

方法：在加减运算中，学生 4 人一组，其中 3 人分别作被加数（被减数）、加数（减数）、和（差），并站在相应起始位置的脚印处，和（差）站在"0"处；另一人当裁判，站在边上。游戏开始，裁判发出"1——2——3"指令，当喊"1"时，作被加数（被减数）和加数（减数）的人立即跳进一个数字格子内，当喊"3"时，作和（差）的人根据前面两人的数值及加减要求，跳进和（差）的数字格子内。例如，若"被加数"跳到"2"，"加数"跳到"1"，则"和"要跳到"3"。最后"和（差）"跳对为胜，反之则失败。

规则：裁判喊数速度要慢，作和（差）的人必须在喊"3"时选格跳进，否则算失败。

建议：

（1）可以不设裁判，3人自己边喊边跳。

（2）3人可以根据指令依次跳动，如喊"1"时，被加数（被减数）跳；喊"2"时，加数（减数）跳；喊"3"时，和（差）跳。

（3）根据学生的能力，可以增加运算时间，可通过增加指令数字来增加运算时间，如喊"1——2——3——4"或"1——2——3——4——5"。

拓展：可以整合加减乘三种基本运算，并增加一人担任"加减乘"的算法选择。游戏需要4人（也可以5人，其中一人当裁判）。指令为"1——2——3——4"，大家根据自己的角色分配依次跳进格子里，最后喊"4"时，"和（或差或积）"跳。为了便于作和（或差或积）的人跳，其应先站在九宫格中间的"5"处。

（二十一）旱地冰壶

场地：在平坦光滑的场地画上、铺上或贴上旱地冰壶场地图形。根据场地大小、学生年龄及投掷器材的大小，酌情调整图形大小。（图30-120）

图30-120

目的：让学生感受冰壶运动。

方法：参考冰壶比赛方法执行，也可根据学生年龄调整规则。冰壶器材可以用实心球、自制冰壶或网购冰壶等。

规则：参考冰壶规则，也可酌情调整规则。

（二十二）地面迷宫

场地：根据迷宫的设计线路，设置起点（入口）和终点（出口）、通路、岔路或死路等路线，也可加入各种各样的迷宫场景，让迷宫变得既好玩又有趣。（图30-121 至图 30-129）

图 30-121　　　　　图 30-122　　　　　图 30-123

图 30-124　　　　　图 30-125　　　　　图 30-126

图 30-127　　　　　图 30-128　　　　　图 30-129

目的：培养学生的耐力素质和探究意识。

方法：学生进入迷宫后，可以任选一条道路往前走，若遇到走不通的死路时，就要返回另找其他通路，直到顺利从出口走出迷宫或到达终点，看谁用时最少。

规则：必须沿线组成的通道行进，不能从线上越过或跳过。

（二十三）计算跳跃

场地：在地面上画出加、减、乘、除的表格，根据实际场地设置图形大小。图 30-130 为加法，图 30-131 为减法，图 30-132 为乘法，图 30-133 为除法。

+	1	2	3	4	5	6	7	8	9
10	11	12	13	14	15	16	17	18	19
20	21	22	23	24	25	26	27	28	29
30	31	32	33	34	35	36	37	38	39
40	41	42	43	44	45	46	47	48	49
50	51	52	53	54	55	56	57	58	59
60	61	62	63	64	65	66	67	68	69

图 30-130

−	1	2	3	4	5	6	7	8	9
10	9	8	7	6	5	4	3	2	1
20	19	18	17	16	15	14	13	12	11
30	29	28	27	26	25	24	23	22	21
40	39	38	37	36	35	34	33	32	31
50	49	48	47	46	45	44	43	42	41
60	59	58	57	56	55	54	53	52	51
70	69	68	67	66	65	64	63	62	61
80	79	78	77	76	75	74	73	72	71
90	89	88	87	86	85	84	83	82	81

图 30-131

×	1	2	3	4	5	6	7	8	9	10
1	1	2	3	4	5	6	7	8	9	10
2	2	4	6	8	10	12	14	16	18	20
3	3	6	9	12	15	18	21	24	27	30
4	4	8	12	16	20	24	28	32	36	40
5	5	10	15	20	25	30	35	40	45	50
6	6	12	18	24	30	36	42	48	54	60
7	7	14	21	28	35	42	49	56	63	70
8	8	16	24	32	40	48	56	64	72	80
9	9	18	27	36	45	54	63	72	81	90
10	10	20	30	40	50	60	70	80	90	100

图 30-132

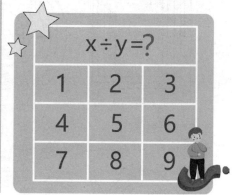

图 30-133

目的：发展学生的速算能力。

方法：加、减、乘游戏时，甲、乙、丙 3 人一组，甲和乙在边线上同时数"1——2——3"确定加、减或乘数，丙在甲和乙确定数字后，立刻计算结果并采用双脚跳或单脚跳的方式跳到正确答案上。丙答对三次，交换角色，循环游戏。除法游戏时，两人一组，一人随机报算式（商为整数，且在 1 ~ 9 的范围内），另一人迅速报出答案，并立刻跳到对应得数上。

规则：游戏时，可根据学生年龄大小确定反应时间。

（二十四）民间传统棋类游戏

场地：将各种民间传统棋类游戏的棋盘画在场地上，棋盘面积可大可小，大棋盘以人作棋子，小棋盘以小石块、沙包、象棋子等作棋子。

1. 区字棋

方法：学生两人一队，如图30-134站位。猜拳胜方先走，每次走一个点，再由另一个人走，如此循环进行，直到一人被"堵死"，则游戏结束。

2. 井字棋

方法：学生4人一队，如图30-135站位，通过猜拳定先后，每队每次沿线走一步。"井"字区不能占据，只能紧邻跳过，一方无路可走为输。

3. 西瓜棋

方法：学生6人一队，如图30-136站位，通过猜拳定先后，

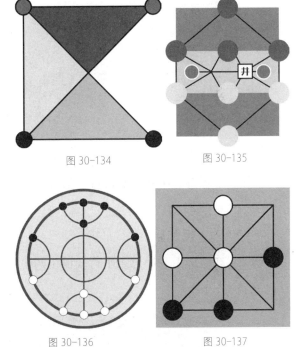

图30-134　　　　图30-135

图30-136　　　　图30-137

每队每次沿线走一步。如3人连成一圈，围住对方1人，该人被视为"吃掉"，一方被吃光为输。

4. 米字棋

方法：双方各执三颗棋子，双方可以横走、竖走或斜走，每次向空白处走一步，如果一方走棋后，另一方无路可走，则该方继续走棋，其中一方的三颗棋子全部落在同一条直线上为胜出。（图30-137）

（二十五）民间传统体育游戏

场地：将一些民间传统体育游戏名称及需要的线条、区域或卡通形象等画在场地上，既形象有趣，又可供学生随时玩耍，如"一二三木头人"（图30-138）、"大风吹"（图30-139）、"老鼠偷油"（图30-140）等游戏。

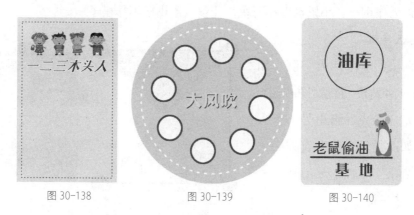

图30-138　　　　　　　图30-139　　　　　　　图30-140

方法：根据各自游戏方法进行，也可以大胆创新。

（二十六）反弹球

场地：在地面上画出三条平行线段（两边为限制线，中间为中线），间隔约2m。（图30-141）

图30-141

目的：辅助学生进行反弹球练习。

方法：学生两人一组，面对面站在限制线后。游戏开始，一人手持一球砸到中线反弹给同伴，同伴接球后，以同样的方式击地反弹给同伴，如此交替进行。也可向同伴两侧做击球反弹，让同伴左右移动接球。

规则：球必须落在中线上，两人不能越过限制线进行抛接球，否则无效。

（二十七）四方玩球

场地：在地面上画一个边长 4～8m 的正方形（图 30-142）或直径 4～8m 的圆圈（图 30-143），然后以中心对称平均分成 4 份，标记为 1、2、3、4 号区域（也可以用不同的图形符号代替）。

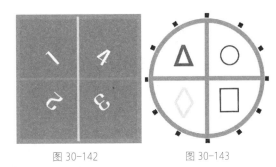

图 30-142　　　　图 30-143

目的：辅助学生进行球性练习。

方法：学生 4 人一组，分别站在各自区域内。游戏开始，从 1 号开始传球给 2 号，2 号传给 3 号，以此类推，如此循环进行。也可以把球传给任何一个区域的学生，对应区域的学生快速反应接住来球，然后再传给其他区域的学生，循环游戏。

建议：

（1）足球：可以用脚内侧、脚背外侧等踢各种地滚球或停球动作，也可以颠球连续接力。

（2）排球：可以垫球、传球。

（3）篮球：可以用胸前传接球、运球等各种篮球基本技术动作。

（4）抛接：可用于沙包、纸球或塑料瓶等轻物的合作抛接练习。

（5）人数：根据游戏场地面积调整，场地较大时，可以 2～3 人一组站在一个区域内。

（6）玩法：师生可以发挥想象，借助游戏场地的图形，自主创编各种玩法。

（二十八）八大行星

场地：根据八大行星离太阳的距离从近到远，依次为水星、金星、地球、火星、木星、土星、天王星、海王星，分别画出轨道分布图。根据场地大小，可以画成半圆（图 30-144）或全圆。

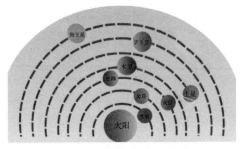

图 30-144

目的：发展学生的反应能力和奔跑能力，让学生了解八大行星名称及离太阳的远近位置。

方法：学生多人一组站在太阳圈内，面向外面的轨道圆。听到发令员发出某个行星的指令后，迅速前行到相应行星位置，并用脚或手触及该行星的轨道圈后，立即返回原位，看谁最快完成。

规则：不能跑错，若出错需要重跑。

建议：

（1）学生人数较多时，可以用水星或金星轨道圈作为出发线。

（2）可以由跑改为单脚跳行进。

（3）可以依次进行往返折返跑，如水星→金星→水星→地球→水星→火星→水星→木星→水星……

（二十九）手脚并用

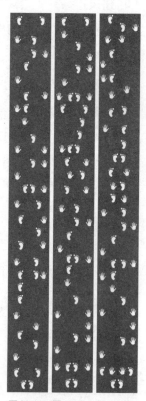

场地：在场地上画出若干手印和脚印的组合通道，长度结合场地大小综合考虑。

目的：发展学生身体的灵活性和协调性。

方法：学生从起点出发，依次通过通道上每一行的手印和脚印，并根据图案上的手印、脚印与对应的手脚接触到，直到走完整个通道，最后看谁用时最少。

规则：不能跳行、漏做、错做。

建议：根据动作的难易度，可编排单人初级版（图 30-145）、中级版（图 30-146）和高级版（图 30-147）。

拓展：

（1）双人合作：由单人练习改为双人手脚并用，须画两条相同的手脚印通道（图 30-148）。游戏时，两人内侧手互拉，合力完成。

图 30-145 图 30-146 图 30-147

（2）限定数量：可以设置每行手脚印数量均为3个（图30-149），改变传统每行数量1～4个的组合。

（3）拓展体能：可以在手脚印适宜的位置增加一些简单的体能动作，如蹲起等。

（4）限定脚印：可以去除手印，只取脚印，通过设计各种双脚跳转或单双脚组合跳等串联图案（图30-150），让游戏变得更有趣味性。

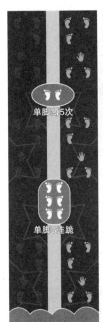

图30-148

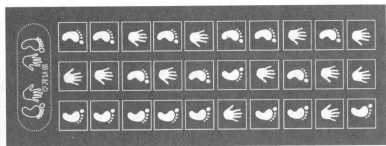

图30-149

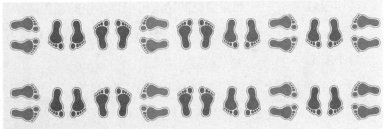

图30-150

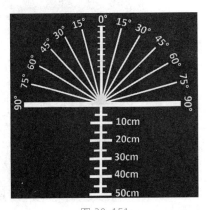

图30-151

（三十）体适能练习

1. Y形柔韧练习

场地：在地面上画刻度线和若干条一定角度的线段。（图30-151）

目的：发展学生身体的柔韧性。

方法：练习时，学生跪坐或分腿坐在一条刻度线上，选取其中一条角度

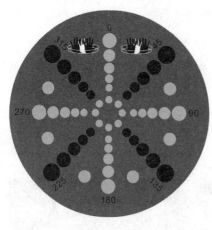

图 30-152

线段，身体俯趴于地面，双手尽量向前触摸线段顶端，跪坐远度可以根据自身条件进行选择。

建议：可利用各种角度线段进行横叉练习，也可进行直膝爬行等各种练习。

2. X 形平衡

场地：在地面上画上一个"米"字形图案，各线条由若干圆圈组成，并标相应的角度。（图 30-152）

目的：发展学生的核心力量和上肢力量。

方法：学生双手俯撑于手印处，两脚前脚掌着地准备。开始后，俯卧撑一次，然后右手去触摸 270° 方向的圆点；俯卧撑一次，左手触摸 90° 方向的圆点；俯卧撑一次，右脚去踩 45° 方向的圆点；俯卧撑一次，左脚去踩 315° 方向的圆点，以此类推，每次触碰圆点的距离可根据学生的能力选择。

建议：可自行调整练习方法，如进行四肢全方位的触碰练习。

3. 手足支撑

场地：在地面上画上手印和脚印。（图 30-153）

目的：发展学生的核心力量和上肢力量。

方法：学生双手撑在手印处，两脚放在脚印处，静止直臂支撑，坚持适当时间。

建议：

（1）两手左右移动：学生两脚不动，两手交替向左右两边移行，再依次收回，如此反复进行若干次。

（2）两手前后移行：学生两脚不动，两腿伸直，两手交替，小碎步往脚靠拢，直到走不动，然后同样返回，如此反复进行若干次。

图 30-153

4. 脚步移动

场地：在地面上画上三双脚印，并按顺序标注数字序号。（图 30-154）

目的：发展学生的灵敏性和协调性。

方法：学生左右脚分别站在 1、2 脚印处，屈膝降重心准备。开始后，左脚移到 3，右脚移到 4，接着左右脚依次收至 1、2，然后左脚移到 5，右脚移到 6，再左右脚依

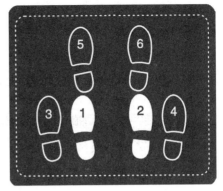

图 30-154

次收至 1、2。如此反复进行若干次，动作由慢到快，循序渐进。

建议：将左右、前后练习分开，可以练习左右移动，也可以练习前后移动。

5. 手足爬行

场地：在地面上画两条长约 10m 的平行线，间距 1 ~ 1.5m（图 30-155）；也可画一个大小适宜的长方形场地（图 30-156）。

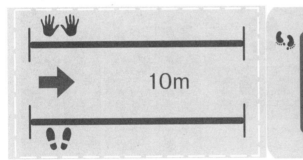

图 30-155

图 30-156

目的：发展学生的协调性和上下肢力量。

方法：

（1）横向爬行：学生身体横跨在两条平行线上，呈俯撑动作，然后向一侧进行横向移动或来回移动，锻炼手臂和腰腹力量。

（2）环形爬行：学生沿着长方形边线进行手足爬行。

规则：移动时，手脚不能越线或触线。

6.Z 字跳跃

场地：在地面上画出多个连续的字母"Z"。（图 30-157）

目的：发展学生的灵敏性和协调性。

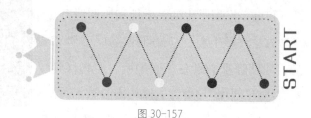

图 30-157

方法：学生从起跳点出发，沿着"Z"字路线，依次连续跳到所有的点，也可以进行滑行、交叉步等移动练习。

规则：脚必须踩在点上。

7. 线段跳跃

场地：在地面上画若干条线段，并在线段上下方或左右方画上若干脚印。（图 30-158 至图 30-161）

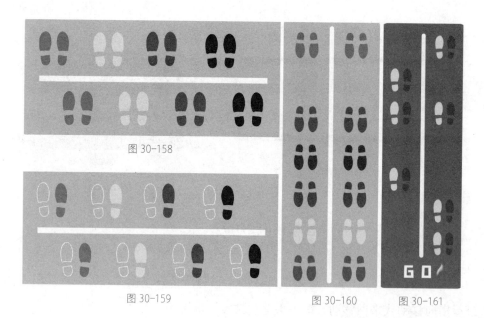

图 30-158

图 30-159

图 30-160   图 30-161

目的：发展学生的跳跃能力。

方法：学生站在线段边上，踩着地面脚印进行双脚或单脚左右跳、前后跳，边跳边向一侧移动。

规则：跳跃时，脚不得踩线。

8.走线平衡

场地：在地面上画出不同颜色交叉的路线，长短根据场地情况选择。（图 30-162）

目的：发展学生的平衡能力。

方法：学生从起点出发，双脚交替走过线段。

规则：走的时候，双脚必须

依次踩在线上，踩在线外须原地完成若干个蹲起等简单的体能练习。

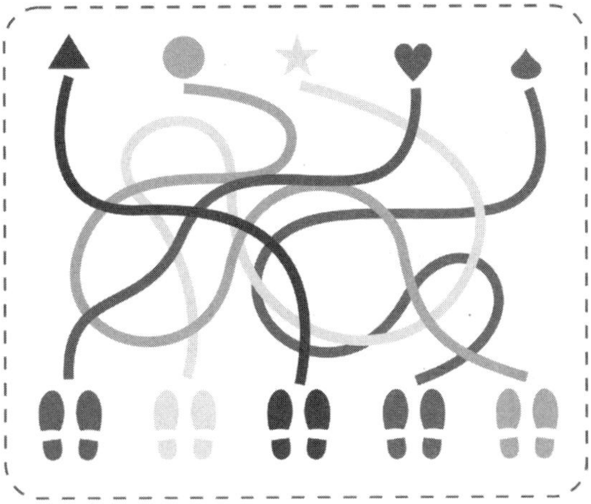

图 30-162

（三十一）二十四节气和十二生肖

场地：在地面上画出中国二十四节气（图 30-163）和十二生肖图案（图 30-164）。

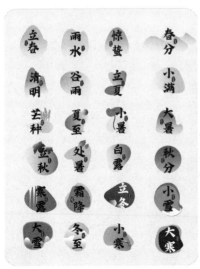

图 30-163

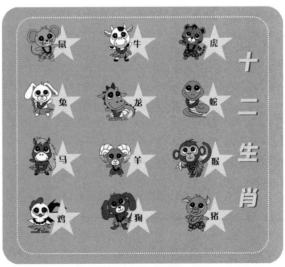

图 30-164

目的：发展学生的反应能力和奔跑能力，让学生了解和感受我国传统文化的魅力。

方法：学生两人一组，一人说节气（生肖），另一人迅速跑或单脚跳到指定位置。

规则：快速且准确。

建议：可以在每个点位上增加一些体能练习或才艺展示，如在进行十二生肖游戏时，要做相应生肖的造型。

致读者

尊敬的读者，您好！

　　为了更好地服务于广大体育教师，我们后续将对这套丛书进行优化和完善，希望各位体育同人在参考本书及使用过程中，对存在的不足给予反馈，多提宝贵建议，更好地助力体育教育事业的发展。

　　您可通过以下方式联系我们（邮箱：87363752@qq.com，或关注快乐体育微信公众号），我们期待您的反馈。

快乐体育微信公众号
微信号：klty168